An Analysis Based on the New Quality Productive Forces and the Fourth Sci-tech Revolution

新质生产力与第四次科技革命

上官子健 著

人民出版社

目　　录

导　言

　　2023年7月以来,习近平总书记在四川、黑龙江、浙江、广西等地考察调研时,提出要整合科技创新资源,引领发展战略性新兴产业和未来产业,加快形成新质生产力。在2023年12月中旬召开的中央经济工作会议上,他又提出要以科技创新推动产业创新,特别是以颠覆性技术和前沿技术催生新产业、新模式、新动能,发展新质生产力。在《求是》2024年第11期发表的《发展新质生产力是推动高质量发展的内在要求和重要着力点》一文中,习近平总书记明确指出,发展新质生产力是推动高质量发展的内在要求和重要着力点。他之所以提出新质生产力这个概念和发展新质生产力这个重大任务,主要考虑是:"生产力是人类社会发展的根本动力,也是一切社会变迁和政治变革的终极原因。高质量发展需要新的生产力理论来指导,而新质生产力已经在实践中形成并展示出对高质量发展的强劲推动力、支撑力,需要我们从理论上进行总结、概括,用以指导新的发展实践。什么是新质生产力、如何发展新质生产力？我一直在思考，也注意到学术界的一些研究成果。概括地说，新质生产力是创新起主导作用，摆脱传统经济增长方式、生产力发展路径，具有高科技、高效能、高质量特征，符合新发展理念的先进生产力质态。它由技术革命性突破、生产要素创新性配置、产业深度转型升级而催生，以劳动者、劳动资料、劳动对象及其优化组合的跃升为基本内涵，以全要素生产率大幅提升为核心标志，特点是创新，关键在质优，本质是先进生产力。"[①]

党的二十届三中全会提出："高质量发展是全面建设社会主义现代化国家的首要任务。必须以新发展理念引领改革，立足新发展阶段，深化供给侧结构性改革，完善推动高质量发展激励约束机制，塑造发展新动能新优势。"[②]要健全因地制宜发展新质生产力的体制机制，健全促进实体经济和数字经济深度融合的制度，完善发展服务业体制机制，健全现代化基础设施建设体制机制，健全提升产业链供应链韧性和安全水平制度。

2024年3月5日在参加十四届全国人大二次会议江苏代表团审议时，习近平总书记进一步阐述："发展新质生产力不是要忽视、放弃传统产业，要防止一哄而上、泡沫化，也不要搞一种模式。各地要坚持从实际出发，先立后破、因地制宜、分类指导。要根据本地的资源禀赋、产业基础、科研条件等，

---

① 习近平：《发展新质生产力是推动高质量发展的内在要求和重要着力点》，《求是》2024年第11期。
② 《中共中央关于进一步全面深化改革、推进中国式现代化的决定》，人民出版社2024年版，第10页。

有选择地推动新产业、新模式、新动能发展,用新技术改造提升传统产业,积极促进产业高端化、智能化、绿色化。"①在2025年政府工作报告中提出"开展新技术新产品新场景大规模应用示范行动,推动商业航天、低空经济、深海科技等新兴产业安全健康发展",还提出"支持大模型广泛应用,大力发展智能网联新能源汽车、人工智能手机和电脑、智能机器人等新一代智能终端以及智能制造装备"。② 这些措施旨在通过科技创新推动新兴产业和未来产业的发展,促进传统产业向高端化、智能化、绿色化转型,提升全要素生产率,构建现代化产业体系,从而为经济高质量发展注入新动力,推动生产力的质变和新质生产力的系统化发展,为我国在第四次科技革命中大步前行奠定扎实基础。

当前国内经济增长正从传统要素投入驱动转变为创新驱动,推动经济转型升级。通过更高素质的劳动人口、更高效节约的生产模式、更广泛的技术突破等,实现生产要素的创新性配置,提高全要素生产率,实现价值链的跃迁,进一步释放增长潜能。一方面,我国人口老龄化问题导致人口红利下降,直接影响了经济高速增长的部分支撑力。伴随着出生率的下滑与人口老龄化、劳动人口数量减少等问题,我国需要发展新质生产力,推动劳动者素质明显提升,创造新一轮"人才红利"以便应对新的挑战。另一方面,"新质生产力"成为党的二十

---

① 习近平:《开创我国高质量发展新局面》,《求是》2024年第12期。
② 《政府工作报告——2025年3月5日在第十四届全国人民代表大会第三次会议上》,人民出版社2025年版,第20、21页。

届三中全会的一个关键词,发展新质生产力是我国下一阶段经济发展的必然要求。

习近平总书记为什么要提出新质生产力这一新概念?本书认为,要正确回答这一问题,需要有历史纵深式的眼光、有高的站位,需要从宏观视角去研究、去学习。首先应当明确的是:新质生产力将是一个关乎全人类发展和全球新一轮科技革命的新概念。在人类的自我认知和自我进化中,科学技术起到了统帅性、灵魂性的关键作用,科学技术赋予了人类强大的认知能力和生产能力,大大提高了生产效率和生产质量。当今,地球人口超过 80 亿人,应对人口数量如此之庞大而引发的生存压力,必须通过科技创新来提高效率以支撑人类生产、生活所需。所以,如何通过科学技术的创新来提升人类的生产能力和生产质量,就成为人类解决基本生存问题和获得进一步发展的关键之所在、核心之所系。

从马克思、恩格斯开始,马克思主义者高度重视科学技术,高度重视科技革命在人类历史上发挥的巨大杠杆作用,尤其是在生产力发展过程中的巨大杠杆作用。马克思非常重视科学,把科学视为"最高意义上的革命力量",认为"生产力中也包括科学"。中国共产党人学习、实践和发展马克思主义,始终将解放和发展生产力作为中国特色社会主义建设的根本任务,高度重视以科技创新推动生产力发展。中华人民共和国成立后不久,毛泽东同志就深刻地指出,"不搞科学技术,生产力无法提高"。改革开放后,邓小平同志提出,"科学技术是第一生产力"。江泽民同志指出,"科学技术是第一生产力,是先进生产力的集中体现和主要标志"。胡锦涛同志指出,"科技创新是提高社会生产力和综合国力的战略支撑"。习近平总书记更进一步地作出了"科技是第一生产力、人才是第一资源、创新是第一动力"的科学论断。新时代新征程,习近平总书记明确提出要"加快发展新质生产力"。新质生产力是在传统生产力基础上的质态跃迁,是新时代先进生产力的重要表现形式。新质生产力的本质可以视为原始生产力的创新性升级,其核心目标是获取更大量、更高质量的生存资源,只不过这种资源的范畴已经从最初的物质资源,拓展到了更广泛的社会、经济、环境等多维度资源。新质生产力概念的提出,为我们在新时代进一步解放和发展生产力、推动实现高质量发展提供了根本指导。

随着社会生产力向更高层次的提升和演进,科学技术的地位和作用更进一步突出和彰显。在现代化物质生产中,科学技术已经作为一种"独立的生产能力"和"第一生产力"登上了人类历史舞台。近代以来的每一次科技革命,都带来生产力的极大提升,不断推动生产方式革新。第一次科技革命,以蒸汽机发明和机器技术应用为主要标志,表现为以机械动力替代人力、畜力,实现了生产方式的机械化。第二次科技革命,以电动机发明和电力技术应用为主要标志,实现了生产方式的电气化。第三次科技革命,以电子计算机发明和互联网使用为主要标志,实现了生产方式的信息化。当前,我们迎来了世界新一轮科技革命即第四次科技革命,它以人工智能为主要标志,涉及生物技术等诸多高新技术手段的应用,将全面实现生产方式的数字化、智能化、绿色化，必将推动生产方式的深刻变革。第四次科技革命作为世界百年未有之大变局中的一个有利变量，向中华民族伟大复兴提供了一个变道超车和高速发展的历史机遇。我们必须牢牢抓住第四次科技革命带来的历史机遇，抢占第四次科技革命的先机和高地，把第四次科技革命当作一场硬仗、一场攻坚战、一场大决战来打，珍惜历史机遇，扛起中华民族伟大复兴的旗帜，力争取得辉煌胜利。

在第四次科技革命已经开启并正在进行科技大变局、大变革之际，习近平总书记立足科技前沿，把脉世界潮流，以强烈的历史担当和高超的政治智慧，审时度势、高瞻远瞩，看准全球发展的大方向、大趋势，结合当代科技创新交叉融合突破所产生的巨大生产力，为指导中国下一步高质量发展提出了一个以科技创新为核心要素的新的生产力概念——新质生产力，后来经过多次阐述和完善，由一个新概念发展成为一个多维向度和丰富内涵的新的生产力理论。

目前，政界、商界、学术界关于新质生产力的讨论和研究颇为热烈，全国出版社已经出版了多部有关新质生产力的学术专著。另外还出版了文字幽默活泼、漫画生动有趣的《图说新质生产力》[1]；学术期刊对新质生产力的科学内涵[2]、价值

---

① 闫光宇、青橙图说：《图说新质生产力》，东方出版社2024年版。
② 赵峰、季雷：《新质生产力的科学内涵、构成要素和制度保障机制》，《学习与探索》2024年第1期。

意蕴①、理论创新②、互动路径③、机制构成④、动力机制⑤、赋能制造业⑥、赋能乡村振兴⑦、赋能高质量发展⑧、赋能共同富裕，以及新质生产力与创新之间的关系⑨、新质生产力与数字经济之间的关系⑩、新质生产力与高质量发展之间的关系⑪等多个维度、多个方面进行了理性探索。学术界的这些研究成果为本书的探讨提供了有益的参考和借鉴。

本书在深刻领会和借鉴已有学术成果的基础上，以新质生产力与第四次科技革命作为研究对象，进行初步的阐述和论析，期望得出一些创新性的学术观点。本书得出的基本结论是：第四次科技革命是培育和形成未来新质生产力的主要技术支撑，发展新质生产力应当把第四次科技革命作为主攻

① 张林：《新质生产力的内涵特征、理论创新与价值意蕴》，《重庆大学学报（社会科学版）》2023 年第 6 期；周文、许凌云：《论新质生产力：内涵特征与重要着力点》，《改革》2023年第 10 期；贾若祥、窦红涛：《新质生产力：内涵特征、重大意义及发展重点》，《北京行政学院学报》2024 年第 2 期。

② 蒲清平、黄媛媛：《习近平总书记关于新质生产力重要论述的生成逻辑、理论创新与时代价值》，《西南大学学报（社会科学版）》2023 年第 6 期。

③ 余东华、马路萌：《新质生产力与新型工业化：理论阐释和互动路径》，《天津社会科学》2023 年第 6 期。

④ 翟绪权、夏鑫雨：《数字经济加快形成新质生产力的机制构成与实践路径》，《福建师范大学学报（哲学社会科学版）》2024 年第 1 期。

⑤ 许嘉扬、郭福春：《新质生产力与经济高质量发展：动力机制与政策路径》，《浙江学刊》2024 年第 4 期。

⑥ 鲁坦、肖晓兰：《数字新质生产力赋能制造业高质量发展的机理和路径——以佛山制造为例》，《现代营销（上旬刊）》2024 年第 11 期。

⑦ 张源容、高阳：《新质生产力赋能乡村振兴的三重逻辑》，《东北农业科学》2024 年第 5 期。

⑧ 佚名：《鼎泰高科：以新质生产力赋能高质量发展》，《人民日报（海外版）》2024 年10 月 22 日。

⑨ 汪永安：《新质生产力的命题就是创新的命题》，《安徽日报》2024 年 4 月 25 日。

⑩ 周文、叶蕾：《新质生产力与数字经济》，《浙江工商大学学报》2024 年第 2 期。

⑪ 任平：《以新质生产力强劲推动高质量发展》，《人民日报》2024 年 4 月 9 日。

方向和战略高地,建议"举全国之力"推动第四次科技革命,力争赢得第四次科技革命的战略主动权,用第四次科技革命带动第四次工业革命,加快形成绿色高端的先进新质生产力,以实现中华民族伟大复兴。

本书中的讨论和各种结论,基于理性的学术研究,在整个研究过程中始终遵循"所论必有据"的学术研究原则,但难免有不足之处,期盼学界专家指正与完善。

第一章　新质生产力的科学内涵及理论贡献

第一节　新质生产力的提出与理论形成

一、新质生产力的首次提出

"新质生产力"这一概念,是习近平总书记2023年9月考察调研黑龙江时在新时代推动东北全面振兴座谈会上首次公开提出的。习近平总书记提出:"积极培育新能源、新材料、先进制造、电子信息等战略性新兴产业,积极培育未来产业,加快形成新质生产力,增强发展新动能。"[①]"整合科技创新资源,引领发展战略性新兴产业和未来产业,加快形成新质生产力。"[②]习近平总书记由此提出"新质生产力"新概念。从当时看,新质生产力是从点到面,从地方到中央,为了推动新时代

---

① 《习近平主持召开新时代推动东北全面振兴座谈会强调　牢牢把握东北的重要使命　奋力谱写东北全面振兴新篇章》,《人民日报》2023年9月10日。
② 《习近平在黑龙江考察时强调　牢牢把握在国家发展大局中的战略定位　奋力开创黑龙江高质量发展新局面》,《人民日报》2023年9月9日。

东北经济到全国经济发展,促进全国生产力水平提高,增加科技创新含量,进而推进中国式现代化高质量发展。习近平总书记提出的"新质生产力"新概念,以高瞻远瞩的战略眼光,精准定位了符合现阶段科技创新和科技大爆发的时代特点,契合了全球范围内已经开启和正在进行的第四次科技革命,"新质生产力"一词迅速在全国传遍,成为一个热词。2024年7月15日,中国共产党第二十届中央委员会第三次全体会议在京开幕。会议重点研究进一步全面深化改革、推进中国式现代化问题,对围绕中国式现代化进一步全面深化改革作出总体部署。在这个关键时刻,新质生产力的提出和发展,无疑为我国的高质量发展注入了新的动力,不仅丰富了马克思主义生产力理论,而且为中国特色社会主义新时代的生产力发展提供了新的理论指导和实践路径。

二、新质生产力的理论形成

新质生产力的理论形成是一个多维度、多层次的学术研究过程,其内涵、特征、形成逻辑以及实践路径等方面都得到了深入探讨。

习近平总书记在2023年12月召开的中共中央经济工作会议上强调:"以科技创新引领现代化产业体系建设。要以科技创新推动产业创新,特别是以颠覆性技术和前沿技术催生新产业、新模式、新动能,发展新质生产力。"[①]

---

① 《中央经济工作会议在北京举行》,《人民日报》2023年12月13日。

习近平总书记在 2024 年 1 月 31 日召开的中共中央政治局第十一次集体学习会议上，对新质生产力进行了比较详细的说明："新质生产力是创新起主导作用，摆脱传统经济增长方式、生产力发展路径，具有高科技、高效能、高质量特征，符合新发展理念的先进生产力质态。它由技术革命性突破、生产要素创新性配置、产业深度转型升级而催生，以劳动者、劳动资料、劳动对象及其优化组合的跃升为基本内涵，以全要素生产率大幅提升为核心标志，特点是创新，关键在质优，本质是先进生产力。""科技创新能够催生新产业、新模式、新动能，是发展新质生产力的核心要素。这就要求我们加强科技创新特别是原创性、颠覆性科技创新，加快实现高水平科技自立自强……打好关键核心技术攻坚战，使原创性、颠覆性科技创新成果竞相涌现，培育发展新质生产力的新动能。"①习近平总书记在这次集体学习会议上还对新质生产力的其他方面也进行了论述，比如，"新质生产力本身就是绿色生产力"等。习近平总书记对新质生产力进行了多维度、较全面的阐释和论述，丰富了新质生产力的科学内涵和主要特征。

2024 年 3 月 7 日，习近平总书记在出席十四届全国人大二次会议解放军和武警部队代表团全体会议时强调："新兴领域发展从根本上说源于科技的创新和应用。要增强创新自信，坚持以我为主，从实际出发，大力推进自主创新、原始创新，打造新质生产力和新质战斗力增长极。要把握新兴领域

---

① 习近平:《发展新质生产力是推动高质量发展的内在要求和重要着力点》,《求是》2024 年第 11 期。

交叉融合发展特征,加强集成创新和综合应用,推动形成多点突破、群体迸发的生动局面"。① 在这次会议上,习近平总书记把"创新自信""自主创新""原始创新""集成创新"四个创新与"新质生产力""新质战斗力增长极"联系在一起,进一步丰富和发展了新质生产力的科学内涵。

以上是习近平总书记于 2023 年 9 月和 12 月、2024 年 1 月和 3 月等多次阐述新质生产力的内容。我们可以清楚地看到,习近平总书记提出的新质生产力已经超越了一个单纯的政治经济学概念所涵盖的内容,是基于现实的实践、从实践中产生、用于解释和服务于实践的理论。新质生产力理论既遵循生产力发展的一般规律,又契合我国经济社会高质量发展的新要求,是马克思主义生产力理论与新时代中国生产力发展实践相结合的产物,与唯物史观形成了深层呼应。因而本书得出的结论是:习近平总书记提出的关于发展新质生产力的重要论述,深化了对生产力发展规律的认识,为开辟发展新领域新赛道、塑造发展新动能新优势提供了科学指引。

习近平总书记在 2024 年 1 月 31 日召开的中共中央政治局第十一次集体学习会议上明确提出了"新的生产力理论"的说法,习近平总书记表示:"高质量发展需要新的生产力理论来指导,而新质生产力已经在实践中形成并展示出对高质量发展的强劲推动力、支撑力,需要我们从理论上进行总结、

---

① 《习近平在出席解放军和武警部队代表团全体会议时强调　强化使命担当　深化改革创新　全面提升新兴领域战略能力》,《人民日报》2024 年 3 月 8 日。

概括，用以指导新的发展实践。"①习近平总书记这段话中的"新的生产力理论"实质上就包含新质生产力理论在内的各种新兴的生产力观点，尤以新质生产力最为先进、最具有代表性。习近平总书记希望对这个新的生产力理论"从理论上进行总结、概括"，并且希望"用以指导新的发展实践"。我们常说，理论来源于实践，反过来指导实践，能够用于指导实践的思想体系，就是我们常说的"理论"，"理论"与"实践"，是两个相对应和相辅相成的因素。理论源于实践，同时又反作用于实践，科学的理论对实践具有积极的指导作用。正如列宁指出的，"没有革命的理论，就不会有革命的运动"。新质生产力源于新时代我国生产力建设的伟大实践，同时作为一种极具前瞻性的生产力发展理论，也必然对加快科技创新步伐、推动经济高质量发展、全面建成社会主义现代化强国，具有更加积极的实践指导意义。

因而本书认为，新质生产力是习近平总书记在新时代背景下，为了推动我国下一阶段经济高质量发展，强调创新驱动，促进产业转型升级，加快形成新的经济增长点而提出的具有创新性的新理论。新质生产力的形成逻辑可以从历史逻辑、理论逻辑和实践逻辑三个方面来理解。历史逻辑上，新质生产力是在新一轮科技革命和产业变革的基础上形成的，具有世界性和民族性两个维度。理论逻辑上，新质生产力的提出是对马克思主义生产力理论的继承与发展，同时也实现了

---

① 习近平：《开创我国高质量发展新局面》，《求是》2024 年第 12 期。

生产力现代化转型的理论飞跃。实践逻辑上,新质生产力的形成以人工智能、云计算等数字技术为核心,通过技术创新、管理创新和模式创新等数字化转型驱动战略性新兴产业和未来产业的发展。在实践路径方面,新质生产力的发展需要处理好传统产业与新兴产业、产业规模扩张与转型升级、自主技术创新与对外开放合作三组关系。科技创新、产业链与创新链的融合、金融集聚、财税政策等因素都被认为是赋能新质生产力的重要因素。此外,数字经济对新质生产力的促进作用也得到了广泛认可,其通过提升企业创新能力、增强产业链与创新链融通互促、助力国家创新体系提质增效等多层面发挥作用。习近平总书记关于发展新质生产力的重要论述体现了他对当代世界科技、生产力和经济发展主要特征与趋势的科学概括,也体现了他对我国新时代先进生产力质态及其发展状况的敏锐洞察和深刻总结,凸显了习近平总书记对马克思主义生产力理论的原创性贡献,成为习近平经济思想的重要组成部分,是经得起实践检验的科学理论。综上所述,新质生产力的提出是一个综合了历史、理论和实践多维度考量的过程,其核心在于通过创新和要素升级推动生产力的质变,以适应新时代的发展需求。

第二节　新质生产力的科学内涵

一、时代背景

进入新时代,中国经济发展面临从高速增长向高质量发展转型的历史性关口。习近平总书记提出"新质生产力"这一全新概念,本质上可以强调为以劳动者、劳动资料、劳动对象及其优化组合的跃升为基本内涵。这一论断既坚持了马克思关于劳动过程三要素的经典框架,又赋予其"跃升"这一"质"的范畴,实现了马克思主义生产力理论的当代转化和升级。本节从劳动者、劳动资料、劳动对象三条主线,系统阐释新质生产力的科学内涵。

二、劳动者之新:从"活的劳动力"到"知识—数据—创新复合型主体"的跃升

(一)经典定义与时代张力

马克思指出:"我们把劳动力或劳动能力,理解为一个人的身体即活的人体中存在的、每当他生产某种使用价值时就运用的体力和智力的总和。"[①]这一定义把劳动者视为生产力的"人化"载体,强调其体力和智力的双重属性。在机器大工业时代,劳动者往往表现为与生产资料结合的"活的附件",其技能被分解和局部化,甚至"变得空虚"。马克思进一步指出:"劳动资料不仅是人类劳动力发展的测量器,而且是劳动借以进行的社会关系的指示器。"[②]换言之,劳动者的历史形态受制于劳动资料的历史形态。

---

① 《马克思恩格斯文集》第5卷,人民出版社2009年版,第195页。
② 《马克思恩格斯文集》第5卷,人民出版社2009年版,第210页。

（二）新质生产力下劳动者的三重跃升

第一，结构跃升：从体力型为主到知识型为主。劳动者自己的知识、判断力和意志在劳动过程中发挥的作用越小，资本的支配作用就越大，本质上来说，在过去，智力在劳动过程中是由资本来支配的。新质生产力反其道而行之：数字技术、人工智能、大数据的广泛应用，使知识、判断力、创意成为价值增值的源泉，劳动者必须以"科学劳动""信息劳动""数字劳动"的新形态出现，反而不受资本的绝对限制。

第二，能力跃升：从简单熟练到系统创新。在机器体系中，"局部工人所失去的东西，都集中在和他们对立的资本上面了"[①]。劳动者通过教育、培训、终身学习，重新获得整体视野与创新能力，成为能够充分利用现代技术、适应现代高端先进设备、具有知识快速迭代能力的新型人才。

第三，主体跃升：从被支配的"器官"到自我实现的"创新者"。马克思预言，"只有这样的条件，才能为一个更高级的、以每一个个人的全面而自由的发展为基本原则的社会形式建立现实基础"[②]。新质生产力以数字平台、开源社区、协同研发网络为媒介，使劳动者重新成为劳动过程的目的本身，劳动成为"自由的自主活动"。

---

① 《马克思恩格斯文集》第5卷，人民出版社2009年版，第418页。
② 《马克思恩格斯文集》第5卷，人民出版社2009年版，第683页。

三、劳动资料之新：从"骨骼与肌肉系统"到"智能神经系统"的跃升

（一）经典定义与历史局限

马克思认为，"劳动资料是劳动者置于自己和劳动对象之间、用来把自己的活动传导到劳动对象上去的物或物的综合体"①。在机器大工业阶段，劳动资料主要表现为机械性的工具机、传动机构、动力机构，机器工业体系成为资本吮吸活劳动的有效装置。

（二）新质生产力下劳动资料的三重跃升

第一，技术跃升：从机械到智能。马克思指出，"自然界没有造出任何机器，没有造出机车、铁路、电报、自动走锭精纺机等等。它们是人的产业劳动的产物，是转化为人的意志驾驭自然界的器官或者说在自然界实现人的意志的器官的自然物质。"② 在新质生产力中，芯片、算法、算力使机器获得"意志"与"判断力"，形成"智能机器体系"。

第二，要素跃升：从物质资料到"数字—物质"融合体。传统劳动资料仅限于厂房、机器、工具、器皿等物质形态；新质劳动资料不仅包括物质资料，还包括数字环境下催生的数字基础，其核心是颠覆性技术和前沿技术的创新和应用。

第三，功能跃升：从传导劳动到放大创新。劳动资料是连

---

① 《马克思恩格斯文集》第5卷，人民出版社2009年版，第209页。
② 《马克思恩格斯文集》第3卷，人民出版社，2009年版，第197—198页

接劳动者和劳动对象之间的"桥梁"或"传导体",是劳动者借助各种工具或设备,把劳动者的体力、脑力和意图"传导"到劳动对象上,从而使劳动对象按照人的意志被改造、被塑形。在人工智能、大数据、云计算的驱动下,劳动资料不仅传导劳动,更通过自主学习、实时优化、网络协同,放大劳动者的创新效果,实现以数据要素为关键变量的乘数效应。

四、劳动对象之新:从"天然存在和被劳动滤过"到"海量数据—新能源—新材料"的跃升

(一)经典定义与范围约束

马克思区分了"天然存在的劳动对象"和"被劳动滤过的劳动对象"(即原料),指出土地(在经济学上也包括水)最初以食物、现成的生活资料供给人类,因此它本身充当天然存在的劳动对象。在19世纪工业体系下,劳动对象主要是煤炭、棉花、铁矿、土地等物质原料。

(二)新质生产力下劳动对象的三重跃升

第一,形态跃升:从有形物质到"物质—数据"双态并存。今天,海量数据和信息等非物质形态对象成为关键的劳动对象。马克思当年强调的原料的数量和质量,被赋予了新内涵——数据规模、数据质量、数据可计算性。

第二,领域跃升:从地球表层到深空深海深地。新一轮科技革命拓展了劳动对象的时空边界:可控核聚变、氢能、地热

能等新能源、石墨烯、超导材料、生物基材料等新材料，以及地月空间资源、深海矿产资源，成为新质生产力的重要对象。

第三，价值跃升：从"被动材料"到"价值共创网络"。在工业互联网、产业互联网条件下，劳动对象与用户、数据、算法实时交互，形成"产品—数据—服务"闭环，实现价值持续增值。实际上，我们可以认为原料和劳动资料在劳动过程中表现为劳动对象的消费资料。在新质生产力中，数据被反复"消费"却不仅不会折旧，反而因共享、复用而不断增值。

五、三要素的优化组合：从"技术结合"到"系统性跃升"

（一）经典论述中的"技术结合"

从马克思的观点中可知，劳动过程的简单要素共同组成一个中性结果——产品。在资本主义条件下，这种结合表现为资本的技术构成和资本的价值构成的矛盾运动。

（二）新质生产力下的"系统性跃升"

第一，协同机制跃升：从线性链式到网络协同。数字平台、工业互联网使劳动者—劳动资料—劳动对象之间实现实时感知、动态调度、全局优化，形成"云—边—端"一体化协同。

第二，配置方式跃升：从要素叠加到要素乘数。数据作为新型生产要素，与劳动力、技术、资本深度融合，产生"1+1>2"的乘数效应。

第三,制度环境跃升:从资本逻辑到"以人民为中心"。新质生产力强调充分发挥中国特色社会主义制度优势,使新技术与广大劳动者相结合,在制度层面保障三要素的优化组合服务于人的全面发展。

新质生产力不是对马克思生产力三要素理论的否定,而是其在 21 世纪中国语境下的创造性转化和创新性发展。因此,随着新的生产力的获得,人们改变了自己的生产方式。新质生产力以劳动者、劳动资料、劳动对象的系统性跃升为内在动力,以数字技术、绿色技术、智能技术的群体性突破为外部条件,以社会主义制度优势为制度保障,必将推动中国社会在高质量发展轨道上行稳致远,为最终实现每个人的全面而自由的发展奠定坚实的物质基础。

第三节　新质生产力对马克思主义
生产力理论的突出贡献

生产力概念是马克思、恩格斯构建其唯物史观的基石性概念,生产力理论是马克思主义理论体系中的基础性理论。马克思主义高度重视解放和发展生产力,并且把科学技术同生产力发展联系起来。从唯物史观的高度看,每一次人类社会的重大进步,都离不开生产力的跃升。随着历史发展阶段的变迁,生产力的"新"特征也呈现出不同的形态。人类社会就是在生产力变革的过程中不断进步的。

习近平总书记系统阐述了新质生产力的形成条件与内生动力、基本特征与主要表现、理论价值与实践指向等,科学回答了新时代新征程发展什么样的生产力以及如何实现发展这一重大理论和实践问题。新质生产力的提出是习近平经济思想的又一重大理论成果,为马克思主义生产力理论注入了新的内涵。[①]

习近平总书记关于发展新质生产力的重要论述,其对马克思主义生产力理论的突出贡献,学术界从不同角度、不同维度予以不同理解和不同论述,本书主要从新质生产力科学内涵的角度予以理解和论述。为便于表述,本书将之概括为新质生产力中的"三个新论断":(1)"主导作用"新论断;(2)"核心要素"新论断;(3)"绿色生产力"新论断。

一、"主导作用"新论断

习近平总书记在解释"新质生产力"科学内涵和主要特征时,第一句话就是"新质生产力是创新起主导作用,摆脱传统经济增长方式、生产力发展路径,具有高科技、高效能、高质量特征,符合新发展理念的先进生产力质态"。这句话中包含有"创新起主导作用"的思想,本书将之概括为"主导作用"新论断,即在新质生产力形成和发展过程中"创新起主导作用"。"创新"包含科技创新、制度创新、文化创新等多个方面,习近平总书记在这里所说的"创新"主要指科技创新。新

---

① 季正聚、王潇锐:《新质生产力是马克思主义生产理论的重要创新》,《中国党政干部论坛》2024 年第 4 期。

质生产力"符合新发展理念",而创新、协调、绿色、开放、共享的新发展理念中"创新"居于首位。因而,把"创新"放在新质生产力的"主导作用"上,与党中央提倡的"新发展理念"是相符合、相一致的。把"创新"视为发展生产力的主导作用,这在以往马克思主义生产力理论中是从来没有过的,是对马克思主义生产力理论的一种创新、发展和贡献。

二、"核心要素"新论断

习近平总书记在中共中央政治局第十一次集体学习会议上反复强调科技创新对新质生产力的重要作用,并且说:"科技创新能够催生新产业、新模式、新动能,是发展新质生产力的核心要素。"

本书在此把习近平总书记这句话概括为"核心要素"新论断,"核心要素"新论断是科技创新对于新质生产力的主要作用而言的,与前面的"主导作用"新论断是一脉相承的。在此"核心要素"新论断提出之前,即2023年9月习近平总书记在黑龙江考察期间和2023年12月中央经济工作会议期间两次谈论新质生产力时,习近平总书记都把科技创新作为新质生产力的前置条件。在习近平总书记心目中,"科技是第一生产力,创新是第一动力"①,没有科技创新就没有新质生产

———————

① 习近平总书记在党的二十大报告中指出,"必须坚持科技是第一生产力、人才是第一资源、创新是第一动力,深入实施科教兴国战略、人才强国战略、创新驱动发展战略,开辟发展新领域新赛道,不断塑造发展新动能新优势。"为了突出"科技"和"创新",本书这里把中间的"人才是第一资源"省略了。《习近平著作选读》第一卷,人民出版社2023年版,第28页。

力,科技创新是新质生产力的灵魂,起着关键作用、核心作用。本书在此用一个或许并不很恰当的约等于式表示为"科技创新≈新质生产力"①,把科技创新提高到发展生产力的核心地位,视为生产力的核心要素,排列为生产力所有要素的第一位,成为第一性要素,这在马克思主义生产力理论中是从来没有过的,是对马克思主义生产力理论的一种创新、发展和贡献。

三、"绿色生产力"新论断

当今人类已经进入绿色生产力阶段。所谓绿色生产力是指人与自然和谐的生产力,也就是和谐型生产力。绿色生产力的产生是人类历史发展的必然结果。迄今为止,人类与自然的关系经历了四个阶段:(1)自然之子阶段:在采集渔猎阶段,人类匍匐在大自然的威力之下,战战兢兢,人类只是大自然的普通一员,与猿猴、狮豹、牛羊无别,人类是自然之子,这一阶段由于人类力量太弱,对大自然没有破坏作用。(2)自然之主阶段:在农业文明阶段,农业、畜牧业使人类有了利用自然、驾驭自然的能力,从大自然的普通一员中脱颖而出,成长为自然之主。这一阶段大片森林因被开垦或砍伐而消失,人类对自然界已经显现出破坏作用。(3)自然之敌阶段:在工业社会阶段,煤炭、石油产生污染,化学品毒害生态环境,人类凌驾于自然界之上,工业对自然界予以了巨大的破坏,人类

---

① 本书之所以在此提出"科技创新≈新质生产力"的观点,是因为习近平总书记提出的新质生产力与科技创新高度关联,后文对新质生产力与科技创新等一系列词汇的关联性有具体分析。

异化为自然之敌。(4)自然之友阶段:随着全球气候变暖、海平面上升、臭氧空洞出现、异常气候频繁、动植物灭绝,以及生态环境严重破坏,危及人类自身安全,人类返璞归真意识、绿色生产力意识逐渐觉醒,"回归大自然"成为新的潮流,欧洲"绿党"的兴起、中国"绿色生产力"的推行,是这一阶段到来的标志。习近平总书记在主持中共中央政治局第十一次集体学习时指出:"绿色发展是高质量发展的底色,新质生产力本身就是绿色生产力。"习近平总书记倡导的绿色生产力与中国古人倡导的"与天地合其德,与日月合其明,与四时合其序"的天人合一、天人和谐精神完全一致①,成为我国下一阶段高质量发展的重要标签和特质。② 习近平总书记要求"牢固树立绿水青山就是金山银山理念,坚定不移走生态优先、绿色发展之路"③,并且要求"倡导文明健康、绿色环保的生活方式"④。绿色生产力是习近平总书记关于发展新质生产力重要论述中一个重要的科学维度和衡量标准,这在马克思主义生产力理论中是从来没有过的,是对马克思主义生产力理论的一种创新、发展和贡献。

上述"三个新论断"⑤之间,逻辑自洽、相互契合,共同阐

---

① 《周易·文言传·乾文言》。

② 喻思南:《新质生产力本身就是绿色生产力》,《人民日报》2024年4月8日。

③ 习近平:《论坚持人与自然和谐共生》,中央文献出版社2022年版,第197页。

④ 中共中央党史和文献研究院编:《习近平关于城市工作论述摘编》,中央文献出版社2023年版,第159页。

⑤ 在此需说明的是,此处概括出来的"三个新论断"是为了便于表述而作出的个人概括,只能算是个人对新质生产力理论的初步理解和归纳总结,偏颇之处和理解不到位,肯定是存在的。在此只是抛砖引玉,以求引出学术界更准确、更深刻的理解。

释着新质生产力独有的内涵和特征。科技创新在习近平总书记关于发展新质生产力的重要论述中是一条贯穿始终和贯通全过程的红线、主线和轴心线。

综上所述,科技创新是培育和形成新质生产力的主要推动力,是习近平总书记关于发展新质生产力的重要论述的核心所在和本质要求。习近平总书记关于发展新质生产力的重要论述始终围绕着科技创新而阐明和论述,不断强调科技创新在未来生产力发展过程中的核心作用、关键作用。把科技视为"第一生产力",把创新视为"第一动力"①,是习近平总书记关于发展新质生产力的重要论述对马克思主义生产力理论所作贡献中的最大亮点,顺应了已经开启和正在进行的第四次科技革命的历史潮流和发展大趋势。

---

① 《习近平著作选读》第一卷,人民出版社 2023 年版,第 28 页。

第二章 科技创新是发展新质
生产力的核心要素

第一节 "核心要素"新论断的提出

2023 年 9 月,习近平总书记在新时代推动东北全面振兴座谈会上谈到用什么方法和路径来全面振兴东北时首次采用了"新质生产力"这一新概念,他说:"整合科技创新资源,引领发展战略性新兴产业和未来产业,加快形成新质生产力"。习近平总书记在此次会议上把"科技创新资源"与"新质生产力"联系在一起。

2023 年 12 月,中央经济工作会议期间习近平总书记再次把科技创新与新质生产力联系起来,他说:"以科技创新推动产业创新,特别是以颠覆性技术和前沿技术催生新产业、新模式、新动能,发展新质生产力"。在这次中央经济工作会议上,习近平总书记把"科技创新""产业创新"和"发展新质生产力"联系在一起。

2024 年 1 月 31 日,习近平总书记在中共中央政治局第十一次集体学习会议上进一步强调科技创新对新质生产力的重要作用,他说:"科技创新能够催生新产业、新模式、新动能,是发展新质生产力的核心要素。"由此,习近平总书记关于"科技创新是发展新质生产力的核心要素"的新论断正式提出。

习近平总书记关于发展新质生产力的重要论述与科技创新高度关联,诸如创新、科技创新、创新自信、高科技、高效能、高质量、新产业、新模式、新动能、碳达峰、碳中和、新发展理念、关键核心技术、技术攻坚战、科技创新成果、先进生产力质态、技术革命性突破、生产要素创新性配置、产业深度转型升级、绿色发展、绿色能源、绿色生产力、绿色金融、绿色产业集群、低碳循环经济体系等与科学技术相关联的词汇,还有一些与科技创新相联系的功能性词汇,诸如主导作用、原创性、革命性、颠覆性、优化组合、大幅提升、核心要素、牵引作用等,所有这些词汇都与科技创新联系在一起,共同指向一个关键词"科技创新"。"科技创新"贯通着所有这些词汇,共同诠释着"科技创新是新质生产力的核心要素"这一结论。正是基于此,本书在前文论述中才提出过一个或许并不成熟的约等式"科技创新≈新质生产力"。本书之所以把第四次科技革命作为理解和阐述新质生产力的立论视角,其主要原因正在于此。科技创新在新质生产力中确实居于核心地位,是新质生产力的核心要素和关键所在。

第二节 "核心要素"新论断的理论依据

一、马克思、恩格斯关于生产力中包括科学的理论

马克思在《资本论》中指出："生产力,即生产能力及其要素的发展。"[①]马克思认为,生产力是全部社会生活的物质前提,是推动经济发展和社会进步最活跃、最革命的因素,生产力标准是衡量经济社会发展的首要标准和根本标准。在马克思看来,社会生产要形成现实生产力,必须具备三大要素:生产者、生产资料和生产对象。在生产力三大要素中,生产者是人的因素、社会的因素,是生产资料和生产对象的所有者、操纵者;生产资料是物的因素、自然的因素,是生产过程中所应具备的各种物质资料和物质条件,不仅包括工具、机器、设备、仪器等生产工具,而且包括能源、资金、工厂、建筑物、运河、道路、桥梁、车站、机场、码头等生产因素和生产条件;生产对象也是物的因素、自然的因素,包括原料、矿藏、土地、海洋、河流、湖泊、森林、牧场、鸟兽鱼、蔬果花草等自然物。

在三次科技革命和工业革命基础之上出现的数字生产力已经登上了人类历史舞台。2019 年 10 月,党的十九届四中全会首次提出将数据作为新型生产要素。数据存储于看不见的数字空间里,既是生产资料,又是生产对象。数据成为新型

---

① 《马克思恩格斯文集》第 7 卷,人民出版社 2009 年版,第 1000 页。

生产要素,具有高流动性、泛渗透性、可无限复制性、非排他共享性等诸多特点和优点,"数据改变了资源配置和价值创造的方式,推动了产业结构优化升级,提升了生产效率和数智化水平,为经济社会发展注入了新动能"①。将数据作为新型生产要素,是我国生产力方面首次提出的一个理论创新。在数字空间和数字世界里,一切经济价值的实现,最后都会归结为对数据处理的贡献。"得数据者得天下",数据成为数字经济时代引领经济社会向前发展的新动能、新引擎,将成为人工智能时代最泛在、最宝贵的生产要素和生产资源。

科学技术深刻渗透于前述两大类生产力的三大要素之中,起着贯通作用、统合作用和赋能作用。科学技术是贯穿生产力三大要素的一根红线,没有科学技术这根红线,生产力三大要素只具有潜在的自然生产力,无法转变为现实的社会生产力。生产力三大要素只有经过科学技术这根红线的贯通作用、统合作用和赋能作用,三者被有效地整合在一起,形成有机的、动态的生产工序,才能把物质资料所具有的潜在的自然生产力转化为现实的社会生产力,才能够生产出人类所需要的物质产品和社会财富。

正是由于看到了科学技术在生产力中的一根红线作用,看到了科学技术所起到的贯通作用、统合作用和赋能作用,马克思才敏锐地认识到"科学作为一种独立的生产能力"②、"生

---

① 方曲韵:《数据要素,如何"乘"出发展新动能》,《光明日报》2024 年 4 月 19 日。

② 《马克思恩格斯文集》第 5 卷,人民出版社 2009 年版,第 418 页。

产力中也包括科学"①,所以,恩格斯明确指出:"在马克思看来,科学是一种在历史上起推动作用的、革命的力量。"②马克思在《资本论》中也特别强调:"劳动生产力是随着科学和工艺的不断进步而不断发展的。"③恩格斯像马克思一样,对科学极为重视,他说:"科学又日益使自然力受人类支配。这种无法估量的生产能力,一旦被自觉地运用并为大众造福,人类肩负的劳动就会很快地减少到最低限度。"④

马克思、恩格斯时代,人类的生产力只处于第一次科技革命和工业革命阶段,第二次科技革命和工业革命还没有开启,科学技术所蕴含的巨大能量以及在生产力中所占据的巨大分量还没有充分凸显出来,但马克思、恩格斯能够突破他们那个时代的历史条件的限制,认识到科学技术对生产力的巨大促进作用,认识到生产力中包含科学技术,尤其是认识到科学技术是"最高意义上的革命力量",确实非常了不起。

二、邓小平同志关于"科学技术是第一生产力"的论断

邓小平同志在继承马克思、恩格斯关于科学技术是生产力的基础上,结合三次科技革命给人类生产力带来的巨大飞

① 《马克思恩格斯文集》第 8 卷,人民出版社 2009 年版,第 188 页。
② 《马克思恩格斯文集》第 3 卷,人民出版社 2009 年版,第 602 页。
③ 《马克思恩格斯全集》第 42 卷,人民出版社 2016 年版,第 621 页。
④ 《马克思恩格斯文集》第 1 卷,人民出版社 2009 年版,第 77 页。

跃,提出了"科学技术是第一生产力"的著名论断。1988 年 9 月 5 日,邓小平同志在接见捷克斯洛伐克总统胡萨克时说:"马克思说过,科学技术是生产力,事实证明这话讲得很对,依我看,科学技术是第一生产力。"①七天之后,即 9 月 12 日,在听取当时价格和工资改革初步方案汇报时的谈话中进一步指出:"最近,我见胡萨克时谈到,马克思讲过科学技术是生产力,这是非常正确的,现在看来这样说可能不够,恐怕是第一生产力。"②邓小平同志关于"科学技术是第一生产力"的科学论断由此正式形成。邓小平同志对科学技术巨大作用的这一科学论断,对中国举国上下高度重视科学技术和大力发展科学技术起到了良好的指导作用,也对后来党中央制定"创新驱动"战略提供了重要的理论依据。

三、习近平总书记"核心要素"新论断是对马克思主义生产力理论的继承和发展

习近平总书记提出了"科技创新是发展新质生产力的核心要素"的新论断,正是依据马克思关于生产力中包含科学技术以及科学技术是"最高意义上的革命力量"的科学思想,依据邓小平同志"科学技术是第一生产力"的科学论断,结合现阶段我国现代化建设高质量发展的现实需求而提出的新的生产力论断,习近平总书记关于科技创新的新论断是对马克思主义生产力理论的最新诠释和最新发展,对指导我国现阶

---

① 《邓小平文选》第三卷,人民出版社 1993 年版,第 274 页。
② 《邓小平文选》第三卷,人民出版社 1993 年版,第 275 页。

段的科技创新和高质量发展具有重要的指导意义。

在此需要特别指出的是,人类已经进入数字经济时代,科学技术的决定性作用不仅没有削弱,而且表现得更为明显。数字经济本身就是科技经济,数字生产力本身就是科技生产力。当前,以大数据、云计算、区块链、人工智能为代表的技术创新与应用,改变了生产要素配置方式,体现着科技创新与可持续发展深度融合的先进生产力质态。而以数字生产力为代表的先进生产力,更能够证明习近平总书记提出的"科技创新是发展新质生产力的核心要素"的新论断的正确性和深刻性。

第三节 "核心要素"新论断的现实依据

本书认为,科技创新是培育和形成新质生产力的主引擎,是推动高质量发展的必然选择,中国式现代化关键在科技现代化。

一、科技创新是培育和形成新质生产力的主引擎

邓小平同志曾经明确指出:"社会主义的任务很多,但根本一条就是发展生产力。"①现阶段我国发展生产力,是高质量发展,而高质量发展需要先进生产力。每一个国家、每一个

---

① 《邓小平文选》第三卷,人民出版社1993年版,第137页。

民族都渴望拥有先进生产力,都渴望用先进生产力来武装自己的国家、自己的民族,但先进生产力又缘何而来?人类历史证明,先进生产力的培育和形成主要依靠的是科技创新,科技创新的命题本身就是新质生产力的命题,科技创新事业本身就是新质生产力事业,科技创新是任何一个国家、任何一个民族培育和形成新质生产力的主要源泉、主要引擎。同样道理,我国现代化建设中培育和形成新质生产力的主要源泉、主要引擎,也是科技创新,科技创新是通向我国新质生产力的必由之路。

第三次科技革命和工业革命后期的一些新技术,尽管对我国来说尚属于"新"技术之列,但对于先进的美国、欧盟、日本等发达国家而言,已经变成了"常规"技术,这是由于自近代科学技术产生以来,我国的科学技术长期落后于美西方发达的资本主义国家,虽然经过多年的追赶,我国许多科学技术已经赶上甚至超过了美西方,但我国在某些科学技术领域仍然存在落后于美国、欧盟、日本等发达国家的状况。

习近平总书记所说的战略性新兴产业和未来产业,虽然包括第三次科技革命和工业革命后期的一些新技术,但主要指的是第四次科技革命中产生的新的"高、精、尖"技术,这些新的"高、精、尖"技术,能够催生新产业、新模式、新动能,是培育和形成新质生产力的主要动力引擎。这些新的"高、精、尖"技术的取得,由于受到以美国为首的西方国家的联合封锁、遏制和打压,只能依靠我国自主性的、原创性的科技创新。

我国自主性的、原创性的科技创新是培育和形成新质生产力的主要路径。1992年，邓小平同志在南方谈话中就指出："近一二十年来，世界科学技术发展得多快啊！高科技领域的一个突破，带动一批产业的发展。我们自己这几年，离开科学技术能增长得这么快吗？要提倡科学，靠科学才有希望。"①

人类经历的三次科技革命和三次工业革命的历史共同证明，科学技术是促进生产力发展的关键变量。18世纪60年代第一次科技革命因蒸汽机和纺织机的发明，使英国率先完成工业革命，崛起为"世界工厂"，进而成为雄霸全球的"日不落帝国"；19世纪70年代第二次科技革命因电动机和内燃机的发明，使美国率先完成工业革命，短短20年，到1890年就超越英国、取代英国成为新的"世界工厂"；20世纪50年代开启的第三次科技革命又在美国率先爆发，以电子计算机和网络技术为代表的信息技术使美国成为至今唯一的超级大国，其全球霸主地位保持130余年。科技创新能够促进生产力的质量优化和效率增进，产生新质态的先进生产力，直接带来相应的工业革命并产生相应的产业集群，增强国家的硬实力。

党的十八大以来，党中央前瞻性地布局新一代电子技术、高端机器装备、新能源汽车等战略性新兴产业，在数字经济、光伏太阳能、锂电池、智能电动汽车等领域获得重大突破，实现了令美国、欧盟、日本发达资本主义国家感到惊奇的换道超车。近年来，党中央加强了未来材料、未来能源、未来智造、人

---

① 《邓小平文选》第三卷，人民出版社1993年版，第377—378页。

工智能、量子科技等重要领域的规划和布局，以科技创新打造先进的新质生产力，以原创性、颠覆性的技术创新加快培育现代化新产业的进程，推动第四次工业革命的到来。党中央一系列强有力的举措将会进一步彰显科技创新的核心要素功能，进一步发挥创新在发展新质生产力过程中的主导作用。

二、科技创新是推动高质量发展的必然选择

以习近平同志为核心的党中央敏锐洞察我国经济社会发展的新形势、新趋势，在党的十九大报告中作出了"我国经济已由高速增长阶段转向高质量发展阶段，正处在转变发展方式、优化经济结构、转换增长动力的攻关期"①的重大战略判断，着手对推进高质量发展进行了全面部署。当代中国社会主义现代化建设已经告别了数量发展和规模扩张的旧阶段，进入到高质量发展和优质高效的新阶段，中国式现代化在本质上是高质量发展的现代化。要实现高质量发展的现代化，必须坚持科技是第一生产力、创新是第一动力，使科技创新为各行各业赋予新动能、提供新动力。

通览人类发展的历史，我们可以看到，科技创新是一个国家、一个民族发展生产力的主要着力点和关键因素。目前我国迫切需要构建以国内大循环为主体、国内国际双循环相互促进的新发展格局，尤其需要借助科技创新作为"开

---

① 《习近平著作选读》第二卷，人民出版社2023年版，第24—25页。

路先锋",需要借助科技创新作为新的"动力引擎"。通过科技创新提高供应链、产业链的规模和水平,推动新质技术迅速大规模应用和产品升级迭代,为国内大循环提供内生动力,为国内经济"内涵型"增长提供新的技术支撑和新的成长空间。

在世界百年未有之大变局下,全球高端产业链面临"脱钩断链"的风险,科技创新成为解决尖端核心技术"卡脖子"问题的关键一招,也是国家保持战略定力的关键变量。建立在科技创新基础上的供应链、产业链才是安全可靠的供应链、产业链,才能把我们国家发展的主动权牢牢掌握在自己手中。因此,以科技创新推动高质量发展,是我国的强盛之基、安全之要,是合乎我国现阶段经济发展规律的必然选择。要想在国际高科技竞争中赢得优势,我们必须在高科技方面不断创新,尤其是必须占领正在来临的第四次科技革命的战略先机和战略高地。

根据经济合作与发展组织(OECD)发布的 2020 年全球制造业数据,中国制造业产值占全球总份额的 37%,比美国(12%)、日本(6%)、德国(4%)、印度(3%)、韩国(3%)、意大利(2%)、法国(2%)7 个国家的总和还要多出 5%。凤凰卫视《金石财经》评论员石齐平评论说:"其中只有 6 个国家的份额超过 3%。这 6 个国家中,老牌工业经济国只有 3 个(美国、日本、德国);其中,七国集团竟有 4 个未能入选(英国、法国、加拿大、意大利)。这样的图像,已经生动地描绘出在仅仅几十年中全球经济格局的巨大变化,也为'东升西降'增添了又一个有力的注脚,当然,其中最核心的变化当属中国。"①中国已经成长为全球真正的工业制造业巨头,"世界工厂"的称号名副其实,当之无愧。对中国而言,制造业在全球的数量占比已经非常可观,但这可观的数量占比主要是中低端的商品,高端占比还有很大的上升空间,尚有待逐步提高。习近平总书记在主持中共中央政治局第十一次集体学习会议上明确指出"发展新质生产力是推动高质量发展的内在要求和重要着力点,必须继续做好创新这篇大文章,推动新质生产力加快发展。"在中国已经成为"世界工厂"的现阶段,党中央把发展新质生产力、推动高质量发展上升为国家战略。

中国的高质量发展是全方位的,不只局限于制造业,而是涵盖所有领域,而所有领域高质量发展的首要前提就是科技创新。科技创新是引领新质生产力发展的第一推动力,这是因为科学技术是先进生产力的赋能源泉、主要标志和集中体现,随着新一轮的科技革命即第四次科技革命的渐次展开,科学技术快速迭代升级,科学技术在生产力构成诸要素中的主导作用越发显得关键和突出,第四次科技革命中具有突破性、颠覆性、革命性的科技创新将会使生产力的能量出现裂变式、指数式的快速增长和突飞猛进。因而,科技创新是我国下一阶段发展新质生产力、推动高质量发展的必然选择和不二法门。

---

① 石齐平:《中国制造业三在改变全球政经生态》,《东方财经杂志(网络电子版)》2024 年 4 月 8 日,http://www.oribiz.cn/? p=5822。

三、中国式现代化关键在科技现代化

自古以来,科学技术以一种不可抗拒的革命性力量推动着人类社会向前发展。在现代文明社会中,科学技术的作用比以往更加突出、更加重要,科学技术成为衡量一个国家是否强盛、是否发达、是否具有良好发展前景的标配。科技实力决定着一个国家、一个民族在全球中的地位和尊严,也决定着一个国家、一个民族的前途命运。

周恩来同志于 1963 年 1 月 29 日在上海科学技术工作会议上明确提出:"我们要实现农业现代化、工业现代化、国防现代化和科学技术现代化,把我们祖国建设成为一个社会主义强国,关键在于实现科学技术的现代化。"①科学技术现代化是四个现代化中最为关键的一个现代化,决定着其他三个现代化的质量、高度和发达程度。1978 年 3 月,邓小平同志在全国科学大会开幕式上的讲话中也明确指出:"四个现代化,关键是科学技术的现代化。没有现代科学技术,就不可能建设现代农业、现代工业、现代国防。没有科学技术的高速度发展,也就不可能有国民经济的高速度发展。"②

2023 年 7 月,习近平总书记在江苏考察时明确强调:"中国式现代化关键在科技现代化。"习近平总书记这一表述是对周恩来同志和邓小平同志关于"四个现代化关键是科学技术的现代化"论断的继承和发展,体现了习近平总书记对当今世界科技关键作用的深刻理解和准确判断。科技兴则民族

---

① 《周恩来选集》下卷,人民出版社 1984 年版,第 412 页。
② 《邓小平文选》第二卷,人民出版社 1994 年版,第 86 页。

兴,科技强则国家强,中国要强盛,中华民族要复兴,就必须大力发展科学技术,加大科技创新力度,努力成为世界主要科技创新中心和创新基地。

"中国式现代化关键在科技现代化",而科技现代化则完全依赖于科技创新,舍弃科技创新,则别无其他任何路径和方法。科技创新是科技现代化的第一推动力,是现阶段发展新质生产力的核心要素,具有主引擎功能,起着关键作用、主导作用。习近平总书记曾经明确指出:"强化事关发展全局的基础研究和共性关键技术研究,全面提高自主创新能力,在科技创新上取得重大突破,力争实现我国科技水平由跟跑并跑向并跑领跑转变。要以重大科技创新为引领,加快科技创新成果向现实生产力转化,加快构建产业新体系。做到人有我有、人有我强、人强我优,增强我国经济整体素质和国际竞争力。"①第四次科技革命中科技创新基本上都属于习近平总书记所说的"重大科技创新",可以直接带来具有突破性、颠覆性、革命性的先进新质生产力,可以构建战略性新兴产业和未来产业,形成高效优质的现代化产业体系。

---

① 《习近平著作选读》第一卷,人民出版社 2023 年版,第 428 页。

第三章 第一、二、三次科技革命
对生产力的突破

　　第一次科技革命主要是在工业实践经验基础上产生和发展起来的,由当时最先进的工业生产工艺带动科学技术向前发展,这次科技革命的主角是一些直接活跃在生产第一线的杰出工程师,这反映了第一次科技革命从低端技术、实用技术起步,以低端技术、实用技术的突破为契机,拉开人类第一次科技革命的序幕,所以,第一次科技革命在历史上一直被称为"工业革命"而不是"科技革命"。"工业革命"(The Industrial Revolution)一词首先由恩格斯在《英国工人阶级状况》一书中以德文提出并使用,此后被马克思以及其他欧洲学者所接受。[①] 在第二次世界大战之前,国际学术界一直用"工业革命"一词称呼第一次科技革命。第二次世界大战后科学技术的作用逐渐凸显出来,人们开始认识到科技革命是工业革命

---

　　① 林举岱:《英国工业革命史》,人民出版社1957年版,第77页。

的先导,尤其是第三次科技革命直接带来了生产力的巨大进步,国际学术界开始把科技史作为一门独立的学科进行研究,自此开始有学者使用"科技革命"概念,从科学技术角度专门研究"工业革命","科技革命"概念在学术界慢慢使用起来。

从第二次科技革命开始,工业领域所面临的技术难度和复杂程度单凭娴熟的生产工艺已无法突破,科技革命的主角不再是生产第一线的工程师,而是具有专门科学知识的科学家、发明家,新技术发明更多地以自然科学实验为基础,由实验室的科学转化为实用技术,再由实用技术转化为现实生产力,遵循着"实验室科学→实用技术→现实生产力"的发展路径,因而从第二次科技革命开始,新发生的科技革命是在科学理论的指导下逐渐拉开序幕的。

本书主要研究的是第四次科技革命与新质生产力之间的相互促进关系,主要从科技革命角度看待人类工业革命和人类生产力的飞跃,因而在概念使用上,主要采用"科技革命"的概念,"工业革命"的概念因行文所需,也会偶尔使用,但使用的频次相对较少。

第一节　蒸汽机的轰鸣——生产力的机械 解放与生产关系的初步变革

第一次科技革命,以蒸汽机的发明和应用为标志,是人类历史上生产力发展的重大转折点。第一次科技革命,作为近代科技革命的开端,以其独特的魅力和深远的影响,开启了人类工业化进程的大门。蒸汽机的发明和应用,不仅是技术上的创新,更是生产力发展的一次重大突破。它改变了人类的生产方式,推动了社会经济结构的深刻变革,为现代工业文明奠定了坚实的基础。本节通过分析蒸汽机在工业生产中的广泛应用,揭示其对生产力的解放作用。同时,探讨这一时期生产关系的调整,如工厂制度的建立、劳动力结构的变化以及资本主义生产关系的巩固,阐述生产力突破与生产关系变革之间的内在联系,展现第一次科技革命对人类社会发展的深远影响。

一、蒸汽机对生产力的解放作用

第一次科技革命在历史上一直被称为第一次工业革命(The First Industrial Revolution),开始于 18 世纪 60 年代的英国,其主要标志是蒸汽机的广泛应用,并于 19 世纪 40 年代率先在英国完成。

蒸汽机的发明是第一次科技革命的典型标志。法国历史学家保尔·芒图在其撰写的《十八世纪产业革命——英国近代大工业初期的概况》专著中写道:"蒸汽机的发明这一重大事件,开始了工业革命的最后的、最具决定性的阶段。蒸汽把那些还压在大工业身上的束缚解放之后,就有可能无限迅速地发展了。"[①]蒸汽机推动了当时牵头科技革命的英国各个工

---

① [法]保尔·芒图:《十八世纪产业革命——英国近代大工业初期的概况》,杨人楩、陈希秦、吴绪译,商务印书馆 1983 年版,第 301 页。

业部门飞速发展,其中棉纺织业发展最为迅猛。1813 年英国有蒸汽动力织布机 2400 台,1820 年达 14000 台,到了 1829 年猛增到 55000 台,1829 年更达 100000 台。在尚未采用蒸汽机之前的 1776 年至 1780 年,英国平均每年出口的纺织品总额只有 670 万英镑,而采用蒸汽机之后的 1797 年至 1800 年,英国每年纺织品出口总额猛增到 4143 万英镑。在未采用蒸汽机之前的毛纺织业中,1788 年的年产量仅为 75000 匹,而在采用蒸汽机之后 1817 年的年产量竟然猛增到 490000 匹。[1]蒸汽机的发明也大大促进了英国棉布业的发展,英国的棉布产量从 1796 年的 2100 码增长到 1830 年的 34700 万码,增长了 15.5 倍;生铁产量从 1796 年的 12.5 万吨增长到 1840 年的 142 万吨,增长了 10.4 倍;煤产量从 1700 年的 260 万吨增长到 1840 年的 3600 万吨,增长了 12.8 倍。1820 年,英国工业生产占世界总产量的一半。[2]蒸汽机在英国的广泛使用,不仅大大推动了英国纺织、采矿、冶炼、机械制造等近代工业迅猛发展,也促使了轮船、火车等交通运输工具的发明创造,给英国生产力带来了巨大的飞跃,不仅促使英国进入到"蒸汽时代",而且推动了整个人类进入到"蒸汽时代"。

　　蒸汽机的广泛应用,使机器取代了手工劳动成为可能,极大地提高了生产效率。在纺织业中,蒸汽机驱动的珍妮纺纱机、水力织布机等机器设备,能够实现大规模的纺织生产,生

---

　　①　童鹰:《世界近代科学技术发展简史》,上海人民出版社 1990 年版,第 121 页。

　　②　David Harris Willson, *A history of England*, Illinois Holt, Rinehart & Winston, Inc., 1972, pp. 550-551,此处转引自樊亢、宋则行、池元吉、郭吴新、朱克烺等:《主要资本主义国家经济简史》,人民出版社 1973 年版,附录表 3、表 4。

产效率比手工劳动提高了数十倍甚至上百倍。在矿业领域，蒸汽机驱动的矿井抽水机和通风设备，提高了矿井的开采效率和安全性，使煤炭、铁矿石等矿产资源的开采量大幅增加。在交通运输业，蒸汽机的应用催生了蒸汽火车和蒸汽轮船，大大缩短了运输时间和成本，促进了国内外贸易的发展。蒸汽机的发明和应用，使人类的生产力实现了从低效手工劳动到高效机械化生产的突破，开启了工业化进程的序幕。

蒸汽机的出现，使工厂能够摆脱自然条件的限制，不再依赖河流等自然动力源，可以在任何有煤炭资源和市场需求的地方建立。工厂规模不断扩大、生产分工更加细致、专业化程度不断提高。例如，在纺织工厂中，工人被分为纺纱工、织布工、印染工等多个工种，每个工种都有专门的机器设备和生产流程。这种规模化和专业化的生产方式，进一步提高了生产效率和产品质量，降低了生产成本，推动了工业生产的快速发展。同时，工厂制度的建立，也改变了传统的家庭手工业生产模式，工人成为工厂的雇佣劳动者，形成了现代意义上的劳动力市场。

蒸汽机的发明和应用，不仅推动了纺织业、矿业等传统工业的发展，还促进了相关技术的创新和产业升级。为了满足蒸汽机对煤炭的需求，矿业技术不断创新，出现了更先进的采煤技术和矿井通风设备。同时，蒸汽机的应用也带动了机械制造、冶金等产业的发展，促进了机器设备的制造和材料科学的进步。例如，为了提高蒸汽机的性能，需要制造更精密的机械零件和更优质的钢材，这推动了机械加工技术和钢铁冶炼技术的不断改进。此外,蒸汽机的应用还催生了一系列新兴产业,如铁路运输业、船舶制造业等,这些产业的兴起进一步丰富了工业生产的内涵,推动了整个社会经济的繁荣。

二、生产关系的初步变革

第一次科技革命给生产力带来了巨大进步。马克思、恩格斯在《共产党宣言》中客观而公允地指出:"资产阶级在它的不到一百年的阶级统治中所创造的生产力,比过去一切世代创造的全部生产力还要多,还要大。自然力的征服,机器的采用,化学在工业和农业中的应用,轮船的行驶,铁路的通行,电报的使用,整个整个大陆的开垦,河川的通航,仿佛用法术从地下呼唤出来的大量人口——过去哪一个世纪料想到在社会劳动里蕴藏有这样的生产力呢?"[1]后来恩格斯进一步明确指出:"自从蒸汽和新的工具机把旧的工场手工业变成大工业以后,在资产阶级领导下造成的生产力,就以前所未闻的速度和前所未闻的规模发展起来了。"[2]大机器生产代替手工劳动,工厂制度在欧洲主要国家的主要生产部门普遍得到确立,资本主义生产方式最终取代了封建主义生产方式。

工业革命使英国迅速崛起为世界头号经济强国,以"世界工厂"闻名于世。在工业革命的推动下,从 1760 年到 1860 年的 100 年间,英国在世界工业生产中的占比从 1.9%增加到了 19.9%,对外贸易量占世界贸易总额的 20%,英国人口、国

---

① 《马克思恩格斯选集》第 1 卷,人民出版社 2012 年版,第 405 页。
② 《马克思恩格斯选集》第 3 卷,人民出版社 2012 年版,第 655 页。

土仅占全球的4%,却占据了世界财富的25%。① 英国利用"坚船利炮",打遍天下无敌手,不断扩大殖民地,到1876年英国殖民地面积达到2250万平方千米,鼎盛时期的英国,控制着当时全球1/4的人口和土地,全球24个时区都有英国的领地,故而被称为"日不落帝国"(The Empire on Which the Sun Never Sets)。英国的经济学家威廉姆·斯坦利·杰文斯(William Stanley Jevons)在1865年曾经说过这样一段话:"北美和俄国的平原是我们的玉米地,加拿大和波罗的海是我们的林区,澳大利亚是我们的牧场,秘鲁是我们的银矿,南非和澳大利亚是我们的金矿,印度和中国是我们的茶叶种植园,东印度群岛是我们的甘蔗、咖啡、香料种植园,美国南部是我们的棉花种植园。"英国的"日不落帝国"称呼名副其实,有力地说明第一次科技革命把英国打造成第一个全球性的经济强国,并登上了人类第一次科技文明和工业文明的巅峰。

此外,蒸汽机的广泛应用还推动了从英国开始逐步到全球的工厂制度的建立。工厂制度是一种以雇佣劳动为基础、以机器生产为核心的生产组织形式。在工厂制度下,工人成为工厂的雇佣劳动者,他们每天按时上下班,按照工厂的规定进行生产劳动。工厂主通过支付工资的方式获取工人的劳动力,工人则通过出卖劳动力获取报酬。这种雇佣劳动关系取代了传统的师徒关系和家庭手工业生产模式,形成了现代意义上的劳动力市场。工厂制度的建立,使生产更加集中化和

---

① [美]保罗·肯尼迪:《大国的兴衰》,蒋葆英译,中国经济出版社1989年版;王怀宁:《经济信息化的新时代》,中国社会科学出版社1997年版。

规模化,提高了生产效率和经济效益,但同时也加剧了工人阶级和资产阶级之间的矛盾。工人面临着长时间的劳动、低工资、恶劣的工作环境等问题,阶级斗争逐渐成为社会的主要矛盾之一。

第一次科技革命使劳动力结构发生了深刻变化。随着工业生产的快速发展,大量的农村人口涌入城市,成为工厂的雇佣劳动者。这一时期,英国的城市化进程加速,城市人口不断增加。同时,由于机器生产对劳动力素质的要求相对较低,大量妇女和儿童也进入工厂工作,成为劳动力市场的重要组成部分。劳动力结构的变化,不仅改变了社会的人口分布和就业结构,还对社会文化产生了深远影响。城市生活的复杂性和多样性,促使人们的思想观念逐渐发生变化,对教育、文化、娱乐等方面的需求也不断增加,推动了社会文化的进步。

蒸汽机的发明和应用推动了资本主义生产关系的巩固和发展。在第一次科技革命之前,资本主义生产关系已经初步形成,但尚未占据主导地位。随着工业生产的快速发展和工厂制度的建立,资本主义生产关系逐渐成为社会的主要生产关系。资本家通过投资工厂、购买机器设备和雇佣劳动力,获取高额利润,积累了大量财富。工人阶级则通过出卖劳动力获取微薄的工资,处于被剥削的地位。这种生产关系的巩固,促进了资本主义经济的快速发展,但也加剧了社会的贫富分化和阶级矛盾。为了维护自身的利益,资产阶级不断加强对国家政权的控制,推动了一系列政治改革和社会变革,如英国的议会改革等,进一步巩固了资本主义的统治地位。

第一次科技革命以蒸汽机的发明和应用为标志,给人类生产力带来了重大突破。蒸汽机的广泛应用,使机器取代了手工劳动,极大地提高了生产效率,推动了工业生产的规模化和专业化,促进了技术创新和产业升级。同时,第一次科技革命也引发了生产关系的初步变革,工厂制度的建立、劳动力结构的变化以及资本主义生产关系的巩固,改变了人类社会的经济结构和社会形态。生产力的突破与生产关系的变革相互作用、相互促进,共同推动了人类社会从农业社会向工业社会的深刻转型。第一次科技革命不仅开启了人类工业化进程的大门,也为后续的科技革命奠定了坚实的基础,对人类社会的发展产生了深远的影响。在当今时代,我们依然可以从第一次科技革命中吸取宝贵的经验和启示,推动科技创新和经济社会的可持续发展。

第二节　电力的光芒——生产力的全面升级与生产关系的深度调整

在第一次科技革命中,蒸汽机的发明和应用为人类生产力带来了机械解放,开启了工业化进程的序幕。然而,蒸汽动力存在诸多局限性,如动力传输距离有限、效率较低等。随着科技的不断进步,电力技术逐渐成熟并得到广泛应用,成为第二次科技革命的核心。电力技术的出现不仅解决了蒸汽动力的局限性,还极大地提高了生产效率,推动了工业生产的自动化和精细化,催生了众多新兴产业。同时,电力技术的发展也引发了生产关系的深度调整,垄断资本主义逐渐形成,社会经济结构发生了重大变化。本节将从生产力与生产关系的角度,探讨电力技术如何实现生产力的全面升级以及引发生产关系的深度调整。

一、电力技术对生产力的全面升级

第二次科技革命发生于 19 世纪 60 年代,随着电磁学理论的不断完善,电力技术逐渐兴起。1831 年,法拉第发现了电磁感应现象,为发电机的发明奠定了理论基础。此后,格拉姆、西门子等科学家和工程师在发电机和电动机的设计上取得了一系列突破。1879 年,爱迪生发明了实用的白炽灯,使电力照明成为可能。电力技术的兴起为工业生产提供了更加高效、清洁、灵活的动力源,逐渐取代了传统的蒸汽动力。

电力技术的发展和应用推动了工业生产的全面升级。在工业生产中,电力驱动的机器设备逐渐取代蒸汽驱动的设备,生产效率大幅提高。电力技术的应用不仅局限于传统的纺织、矿业等产业,还催生了电气工业、化学工业、钢铁工业等新兴产业。例如,电力驱动的电动机和发电机在工厂中广泛应用,实现了生产过程的自动化和精细化。电力技术还推动了交通运输业的发展,电动机车和有轨电车的出现,极大地提高了交通运输效率。此外,电力技术在通信领域的应用,如电话、电报等,也极大地促进了信息的传播和交流。

电力技术的应用使机器设备的运行更加高效、稳定。与蒸汽机相比,电动机具有体积小、效率高、启动快、易于控制等优点。电力驱动的机器设备可以实现连续、稳定的工作,大大提高了生产效率。例如,在纺织工厂中,电力驱动的织布机和纺纱机的生产效率比蒸汽驱动的设备提高了数倍。在钢铁工业中,电力驱动的轧钢机和炼钢设备也极大地提高了生产效率和产品质量。

电力技术的应用推动了工业生产的自动化和精细化。电动机的广泛应用使机器设备可以实现精确的控制和操作,生产过程更加自动化。例如,在机械加工领域,电力驱动的车床、铣床等设备可以实现高精度的加工,生产出更加精细的产品。电力技术还推动了自动化生产线的出现,实现了从原材料加工到产品组装的全过程自动化生产。这种自动化和精细化的生产方式不仅提高了生产效率,还提高了产品质量和一致性,降低了生产成本。

电力技术的应用催生了众多新兴产业。电气工业是电力技术应用的直接产物,包括发电机、电动机、变压器、电缆等设备的制造。化学工业在电力技术的支持下得到了快速发展,电力驱动的电解槽可以实现高效的电解反应,生产出大量的化学产品,如铝、氯气等。钢铁工业也因电力技术的应用而实现了大规模生产,电力驱动的炼钢设备和轧钢设备提高了钢铁生产的效率和质量。此外,电力技术还推动了交通运输业、通信业等产业的发展,形成了完整的产业链,进一步推动了工业生产的全面升级。

二、生产关系的深度调整

电力技术的发展推动了工业生产的规模化和集中化,垄断资本主义逐渐形成。在电力技术的支持下,企业规模不断扩大,生产效率大幅提高,市场竞争日益激烈。为了获取更大的利润,企业通过兼并、收购等方式不断扩大规模,形成了垄断组织。垄断组织通过控制市场、制定价格、限制竞争等手段,获取高额利润。垄断资本主义的形成改变了传统的市场竞争格局,生产关系发生了重大调整。

电力技术的应用引发了社会经济结构的重大变化。随着工业生产的快速发展,城市化进程加速,大量农村人口涌入城市,成为工厂的雇佣劳动者。城市人口的增加和工业生产的集中化,使城市成为经济、文化、政治的中心。同时,电力技术的应用也推动了服务业的发展,金融、商业、运输、通信等服务业在城市中迅速崛起,形成了完整的城市经济体系。社会经济结构的变化不仅改变了人类的生活方式,还对社会文化产生了深远影响。

垄断资本主义的形成加剧了工人阶级的剥削和压迫,工人阶级的觉醒与斗争逐渐兴起。在垄断资本主义时期,企业规模的扩大和生产效率的提高并没有使工人阶级的生活得到改善,反而面临着更低的工资、更长的劳动时间和更恶劣的工作环境。为了争取自身权益,工人阶级开始组织起来,通过罢工、示威等方式进行斗争。工人阶级的觉醒与斗争推动了社会的进步和改革,促使政府出台了一系列劳动保护法规和社会福利政策,改善了工人阶级的生活条件。

第二次科技革命以电力技术的广泛应用为标志,实现了生产力的全面升级。电力技术的应用不仅极大地提高了生产效率,还推动了工业生产的自动化和精细化,催生了众多新兴产业。同时,电力技术的发展也引发了生产关系的深度调整,垄断资本主义逐渐形成,社会经济结构发生了重大变化。生产力的全面升级与生产关系的深度调整相互作用、相互促进,共同推动了人类社会从蒸汽时代向电气时代的深刻转型。第二次科技革命不仅进一步巩固了资本主义的统治地位,还为后续的科技革命奠定了坚实的基础,对人类社会的发展产生了深远的影响。在当今时代,我们依然可以从第二次科技革命中吸取宝贵的经验和启示,推动科技创新和经济社会的可持续发展。

第三节　数字的浪潮——生产力的智能化飞跃与生产关系的重塑

继第一次工业革命以蒸汽机的发明解放了生产力,第二次工业革命以电力的广泛应用推动了生产力的全面升级之后,第三次科技革命以数字技术为核心,开启了生产力的智能化飞跃。这一时期,信息技术、计算机技术、通信技术等的飞速发展,不仅极大地提高了生产效率,还深刻地改变了生产关系,重塑了全球经济和社会结构。本节将从生产力与生产关系的角度,探讨第三次科技革命如何实现生产力的智能化飞跃,并引发生产关系的重塑。

一、数字技术对生产力的智能化飞跃

第三次科技革命的兴起可以追溯到 20 世纪中叶,随着计算机技术的诞生和发展,数字技术逐渐崭露头角。1946 年,世界上第一台电子计算机 ENIAC 的问世,标志着数字技术时代的开启。此后,随着半导体技术、集成电路技术的不断进步,计算机的性能不断提升,成本逐渐降低,为数字技术的广泛应用奠定了基础。自通用计算机诞生以来,计算机科学技术便成为一门发展快、渗透性强、影响深远的新兴科学。1959 年美国 IBM 公司研制晶体管计算机成功,运算速度每秒在 100 万次以上,电子计算机进入快速发展轨道。1964 年在 100 万次运算速度基础上进一步提高,达到了 300 万次。20 世纪 60 年代中期,把许多电子元件和电子线路集中在很小的面积或体积上的集成电路被发明出来,每秒运算达到千万次的级别,在数据处理和工业控制领域具有广泛的应用价值。20 世纪 70 年代电子计算机迎来了第四代大规模集成电路的新阶段,到 1978 年,电子计算机每秒运算速度高达 1.5 亿次。英特尔公司创始人戈登·摩尔(Gordon Moore)1965 年提出了预测集成电路中晶体管数量增长速度的"摩尔定律":"集成电路上可容纳的晶体管数目每隔一年增加一倍"。电子计算机发展的真实情况是:每隔 5 年至 8 年,运算速度提高 10 倍,体积缩小到 1/10 成本降低到 1/10。自 20 世纪 90 年代以来,电子计算机进入成熟爆发阶段,向着微型化、网络化、智能化、多媒体化以及超算化方向发展,走上了飞速发展的快车道,迅速在全球走向普及。时至今日,人类的电子计算机已经发展到超级计算机时代。

2016年11月,中国超级计算机神威太湖之光运算速度达到每秒9.3亿亿次。2022年,美国橡树岭国家实验室的超级计算机"前沿"(Frontier)的运算速度高达惊人的每秒1.1百亿亿次。①

第三次科技革命还涵盖半导体技术、信息技术、数字技术、网络技术、通信技术(1G、2G、3G、4G)、生物技术、医学技术、航空航天技术、激光技术、海洋技术、光纤技术、新材料技术等领域。第三次科技革命是人类文明史上继蒸汽技术革命和电力技术革命之后科技领域又一次重大的飞跃,是人类历史上规模最大、影响最深刻的一次科技革命,对人类生产力的促进作用和对人类社会面貌的改变远远超过前两次科技革命的相加之和。第三次科技革命不仅极大地促进了人类生产力的飞跃,而且推动了人类社会的经济、政治、军事、文化发生了巨大的变革,深刻地影响了人类的思维方式和生活方式,人类的衣、食、住、行、用等生活面貌发生了重大的改观。

20世纪末,互联网的出现成为数字技术发展的关键节点。互联网的普及使信息的传播和共享变得更加便捷和高效,极大地推动了数字技术在各个领域的应用。在工业生产

---

① 唐琳:《世界首台百亿亿次超级计算机打破速度纪录》,《科学新闻》2023年第1期;刘霞:《首台E级超算"前沿"问鼎Top500》,《科技日报》2022年6月2日;龚淑林:《论第三次科技革命对美国的影响》,《南昌大学学报(社会科学版)》1996年第1期。

中,数字技术实现了生产过程的自动化和智能化,通过计算机辅助设计(CAD)、计算机辅助制造(CAM)等技术,提高了生产效率和产品质量。在商业领域,电子商务的兴起改变了传统的商业模式,消费者可以通过网络进行购物、支付等操作,企业也能够更高效地进行市场推广和客户服务。此外,数字技术还推动了金融、医疗、教育等多个领域的变革,形成了全新的数字经济生态。

数字技术的应用使生产过程更加高效和精准。通过自动化生产线和智能控制系统,企业能够实现24小时不间断生产,大大提高了生产效率。例如,在汽车制造行业,机器人和自动化设备的广泛应用,使生产效率提高了数倍,同时还降低了人工成本。此外,数字技术还通过优化供应链管理、提高生产调度的灵活性等方式,进一步提升了企业的生产效率。

数字技术推动了生产方式的智能化转型。人工智能、大数据、物联网等技术的融合应用,使生产设备能够实现自我诊断、自我优化和自我学习。例如,智能工厂通过物联网技术将生产设备连接起来,实现了设备之间的实时通信和协同工作。大数据分析则能够帮助企业更好地了解市场需求和消费者行为,从而进行精准的产品设计和生产计划。这种智能化生产方式不仅提高了生产效率,还激发了企业的创新活力,推动了新产品、新技术的不断涌现。

数字技术的发展催生了数字经济这一全新的经济形态。数字经济以数字技术为核心,以数据为生产要素,通过互联网平台和数字基础设施,实现了经济活动的数字化和智能化。

电子商务、数字金融、共享经济等数字经济模式的出现,改变了传统的经济运行方式,创造了大量的就业机会和经济增长点。例如,阿里巴巴、亚马逊等电商平台的崛起,不仅改变了人们的购物方式,还促进了全球贸易的发展。数字经济的崛起,标志着生产力从传统工业经济向数字经济的智能化飞跃。

二、生产关系的重塑

数字技术的发展推动了企业组织形式的变革。传统的层级式组织结构逐渐向扁平化、网络化方向发展,企业更加注重团队合作和员工的自主性。同时,数字技术也使企业能够更加灵活地配置资源,实现跨地域、跨行业的协同创新。例如,许多科技企业通过建立开放的创新平台,吸引了全球的开发者和合作伙伴,共同推动技术的创新和发展。这种组织形式的变革,不仅提高了企业的运营效率,还促进了知识的传播和共享。

数字经济的发展对劳动力结构产生了深远影响。一方面,数字技术的应用提高了生产效率,减少了对传统体力劳动的需求。另一方面,数字经济的发展创造了大量对数字技能和创新能力要求较高的工作岗位。例如,软件工程师、数据分析师、人工智能专家等职业的需求不断增长。这种劳动力结构的变化,促使教育和培训体系进行相应的调整,以培养适应数字经济发展的高素质人才。

数字技术的广泛应用引发了社会经济结构的深刻调整。随着数字经济的崛起,传统产业面临数字化转型的压力。一些传统产业通过与数字技术的融合,实现了转型升级,而另一些则逐渐被淘汰。同时,数字经济的发展也加剧了区域之间的经济差距,数字基础设施完善、数字技术应用广泛的地区经济发展更为迅速。此外,数字经济的发展还推动了全球化的深入发展,促进了国际经济合作和贸易往来。这种社会经济结构的调整,不仅改变了人类的生产方式和生活方式,还对全球经济格局产生了深远影响。

第三次科技革命以数字技术为核心,实现了生产力的智能化飞跃。数字技术的应用不仅极大地提高了生产效率,还推动了生产方式的智能化转型和数字经济的崛起。同时,数字技术的发展也引发了生产关系的深刻变革,企业组织形式更加灵活,劳动力结构更加注重数字技能和创新能力,社会经济结构不断调整以适应数字经济的发展。生产力的智能化飞跃与生产关系的重塑相互作用、相互促进,共同推动了人类社会从工业经济向数字经济的深刻转型。第三次科技革命不仅为人类带来了前所未有的发展机遇,也对社会的各个方面提出了新的挑战。在未来的科技发展道路上,我们需要继续推动数字技术的创新和应用,同时积极应对生产关系变革带来的各种问题,以实现经济社会的可持续发展。

第四章　第四次科技革命是新质
生产力形成的关键支撑

第一节　第四次科技革命正式来临

第四次科技革命一般被认为是以人工智能、生物技术、新能源、新材料等为代表的新一轮科技革命和产业变革。而新质生产力则是以第三次和第四次科技革命、产业革命为基础，以信息化、网联化、数字化、智能化、自动化、绿色化、高效化为关键提升点。

一、对第四次科技革命的不同理解与不同观点

人类发展历史证明，科学技术的发展有阶段性特征，从量变到质变，需要一个长期的量变积累过程，量变积累到一定程度，突破了临界点，产生质的飞跃。

迄今为止，人类已经完整地经历了三次科技革命（或称

之为三次工业革命），它们深刻地改变了人类的社会形态和社会面貌。在前三次科技革命积累的基础上，第四次科技革命一定会来临，对此国内外学者几乎没有异议，但什么时候来临，是否已经来临，以什么技术作为来临的标志，学术界则颇有争议。本书根据学术界不同的视角和不同的理解，梳理出以下六种不同的观点：

第一种观点：早在20世纪80年代，我国学术界已经有学者提出了"第四次科技革命"的新概念。1984年3月，上海国际问题研究所研究员毕志恒先生在中国世界经济学会同中国社会科学院世界经济与政治研究所联合主办的《世界经济》杂志发表了带有"第四次科技革命"新概念标题的《第四次科技革命在日本》一文，毕志恒先生在该文中提出："第四次科技革命在日本表现得更为引人注目。机器人、数控机床、光导纤维和微处理机的广泛应用，正在引起一场自动化革命的浪潮，日本人称之为TA革命。"所谓TA革命即综合自动化（Total Automation）革命，TA革命的内容包括工厂自动化（Factory Automation，FA）革命、办公室自动化（Office Automation，OA）革命、住宅自动化（House Automation，HA）革命、商店自动化（Store Automation，SA）革命和图书馆自动化（Library Automation，LA）革命。"根据已经发表的文献资料排序，毕志恒先生是我国学术界最早提出"第四次科技革命"概念的学者，他把70年代发端于美国、日本、欧洲的"信息革命"视为第四次科技革命。毕志恒先生以70年代的世界科技状态为研判对象和研判依据，得出了他心目中"第四次科技革命"的景象。当时电子计算机对全球生产生活带来的深刻影响并没有充分显现,所以他说:"第四次科技革命在日本尚属初期,其发展前景是广阔的。目前,大规模集成电路的成本仍然相对偏高,工厂、办公室、住宅、商店、图书馆自动化设备投资需要大量资金,这方面投资收益的优越性还没有充分显示出来。"①从毕志恒先生的这段原话来看,即使在今天看来尚属于第三次科技革命中"信息革命"范畴的科技创新,已经被他视为"第四次科技革命"。也就是说,他把第三次科技革命的最新成果误认为属于第四次科技革命。

距离毕志恒先生发表《第四次科技革命在日本》一文仅仅一个月,研究世界经济与国际贸易的学者宋宝祥先生在《世界贸易问题》杂志上发表了《第四次科技革命条件下经济危机的特点》一文,也把"微电子计算机在商品生产、流通、消费领域的广泛运用""电子工业、宇航工业、海洋工程和遗传工程"视为第四次科技革命。宋宝祥先生在文中写道:"当前,一场以微电子技术、海洋工程、遗传工程、宇航技术以及新材料新能源开发为代表的第四次科技革命正在兴起,它将喷发出巨大的能量,给资本主义社会再生产带来很大的影响和变化。"②

毕志恒先生与宋宝祥先生两位学者以电子计算机为代表的信息革命的深化发展和广泛应用视为第四次科技革命,在

---

① 毕志恒:《第四次科技革命在日本》,《世界经济》1984 年第 3 期。
② 宋宝祥:《第四次科技革命条件下经济危机的特点》,《世界贸易问题》1985 年第 4 期。

今天看来,对第四次科技革命的判断有点不准确,但可贵之处是,他们看到了科学技术对生产力的巨大推动作用,看到了科技革命所具有的强大动能和革命性意义,并且首次提出了"第四次科技革命"的新概念,在新概念提出方面首开先河。

之后,不断有学者把 20 世纪 70 年代开始的科技发展新动态视为第四次科技革命,持有这种学术观点的学术论文,从 80 年代初开始,一直延续到 21 世纪初。例如,2001 年 2 月李建中先生在《江苏行政学院学报》发表了《第四次科技革命与苏联解体》一文,继续把 70 年代开始的科技发展新动态视为第四次科技革命,李建中先生在文中写道:"20 世纪 70 年代,第四次科技革命首先在发达资本主义国家孕育兴起。此次科技革命与第三次科技革命有着显著的区别,它以电子计算机、生物工程、光导纤维、新材料、新能源等民用技术的广泛应用为特征,以信息革命为先导,对社会经济发展有着革命性的推动作用。"①该观点同样把"电子计算机、生物工程、光导纤维、新材料、新能源"等视为第四次科技革命,与前述毕志恒先生与宋宝祥先生两位学者的学术观点一致。

上述列举的三位学者关于第四次科技革命的观点,只是代表我国学术界早期阶段对第四次科技革命的最初研判。他们所处的时代,以人工智能为代表的第四次科技革命还没有显现和登场,他们误把第三次科技革命后期的科技发展新动态视为第四次科技革命,情有可原。但他们关于第四次科技

---

① 李建中:《第四次科技革命与苏联解体》,《江苏行政学院学报》2001 年第 1 期。

革命的观点恰恰是最早对第四次科技革命的"雄鸡报晓",非常难能可贵,值得肯定。

第二种观点:量子计算大大提高了物理计算能力,实现了计算能力天文数字级别的提升和飞跃,因而不少学者把量子计算机的发明应用与蒸汽机、电动机、计算机的发明应用相提并论,把量子计算机的发明视为"第四次科技革命"的突破口。例如,2018 年 8 月学者庄志刚在《检察风云》杂志发表了《第四次科技革命:量子计算机》一文,认为"把量子力学应用于计算机领域将成为与工业革命中的'蒸汽机'、电气时代中的'电机和内燃机'及信息纪元中'经典计算机'相提并论的颠覆性技术,或将引发人类历史上的第四次划时代的科技变革""通过量子叠加和量子纠缠进行数据运算,量子计算机借助先天的'快',或将重新定义程序和算法,在加密通信、药物设计、交通治理、天气预测、人工智能、太空探索等领域有广阔的应用前景,颠覆了现今的普遍认知。"①另外,学者乔笑斐、路昊明、高策在《量子信息革命引领未来科技革命》一文和学者岳悬在《量子信息技术引领新一轮科技革命迈入关键发展阶段》一文都把量子科技视为第四次科技革命的突破口和引爆点。②

第三种观点:把人工智能视为第四次科技革命的主角,认为人工智能引发第四次科技革命。例如,余乃忠在《人工智

① 庄志刚:《第四次科技革命:量子计算机》,《检察风云》2018 年第 16 期。
② 乔笑斐、路昊明、高策:《量子信息革命引领未来科技革命》,《科技导报》2023 年第 3 期;岳悬:《量子信息技术引领新一轮科技革命迈入关键发展阶段》,《人民邮电》2024 年 1 月 12 日。

能时代的中国机遇:第四次科技革命的领导者》①一文中认为第四次科技革命将会是人工智能占主导地位的智能时代。这与网络上的主流舆论相似。例如,知乎网上有观点认为:"第四次科技革命将是万物互联的云智能系统,通过类人机器人的使用,全面实现无人亿与智能化。"又如,人民数据网有观点认为:"第四次科技革命是以网络化、数字化和智能化为标志的革命。"这些网络观点代表了社会大众的看法,更具有普遍性、代表性,值得学术界借鉴和参考。

第四种观点:把锂电池的发明应用视为第四次科技革命的开始,明确表示"第四次科技革命可以被看作是以'锂电'和相关应用为基础的便捷化科技革命和清洁能源革命"②。

第五种观点:把网络技术、信息技术、基因技术、纳米技术以及新能源技术、新材料技术等视为第四次科技革命。③

第六种观点:把生物芯片、生物信息、干细胞、基因序列、克隆奶牛等生物技术作为第四次科技革命的引爆点,认为"生物技术引发第四次科技革命""以生物技术为重点的第四次科技革命正在形成"。④

除了上述六种对第四次科技革命的不同理解和不同观点之外,还有不少学者在词汇用语上把"工业革命"与"科技革

---

① 余乃忠:《人工智能时代的中国机遇:第四次科技革命的领导者》,《重庆大学学报(社会科学版)》2020 年第 2 期。
② 艾德洲:《第四次科技革命背景下中国经济发展面临的机遇与挑战》,《经济视角(上旬刊)》2014 年第 1 期。
③ 例如,南京大学哲学与法学教授顾肃先生持有此种观点。顾肃:《第四次科技革命》,江苏人民出版社 2003 年版。
④ 方夂:《生物技术引发第四次科技革命》,《新经济导刊》2003 年第 5 期。

命"等同,把第四次科技革命直接表述为"第四次工业革命",尤其是国外学术界大多把第四次科技革命直接说成是"第四次工业革命"。例如,英国布拉德福大学自动控制系主任约翰·巴鲁克(John Baruch)从机器人和人工智能角度阐述了第四次工业革命,他说的"第四次工业革命"指的就是第四次科技革命。[①] 2018 年 7 月 25 日在南非约翰内斯堡举行的金砖国家领导人第十次工商论坛主题就是"金砖国家在非洲:在第四次工业革命中共谋包容增长和共同繁荣"。该次金砖国家工商论坛上发表了题为《顺应时代潮流,实现共同发展》的重要讲话,他在讲话中揭示了第四次工业革命的突出特点,"人工智能、大数据、量子信息、生物技术等新一轮科技革命和产业变革还在积聚力量,催生大量新产业、新业态、新模式,给全球发展和人类生产生活带来翻天覆地的变化。"

国内也有不少学者在论及第四次科技革命的时候,直接采用了"第四次工业革命"的用语。例如,中国工程院院士周济从智能制造角度阐述第四次工业革命,周济所说的第四次工业革命也是指第四次科技革命;[②]再如,中国社会科学院工业经济研究所刘湘丽从网络化、信息化、智能化角度阐述第四次工业革命,刘湘丽所说的第四次工业革命同样是指第四次

---

① 约翰·巴鲁克:《机器人来了——第四次工业革命(上)》,鲁雪娜译,《中国科技教育》2016 年第 8 期;约翰·巴鲁克:《机器人来了——第四次工业革命(下)》,鲁雪娜译,《中国科技教育》2016 年第 9 期。

② 周济:《第四次工业革命的核心是智能制造》,《科学中国人》2022 年第 22 期。

科技革命①;等等。西安交通大学原校长王树国教授更是把
"第四次科技革命"用语与"第四次工业革命"用语相互切换。
他在公开演讲中一般使用的是"第四次科技革命"用语,但他
在文章中则使用的是"第四次工业革命"用语。例如,他在
《第四次工业革命背景下世界高等教育的变革与发展》一文
直接在标题中使用了"第四次工业革命"用语。② 当人们侧重
科技、强调科技的重要作用时就会使用"科技革命"用语;当
人们侧重工业、强调工业的重要作用时就会使用"工业革命"
用语。

　　中国著名的芯片公司上海中微股份公司董事长尹志尧对
科技革命和工业革命有自己独特的新划分方法,他认为,第一
代工业革命用机器代替人手,第二代工业革命用电脑代替人
脑,第三代工业革命把数码时代最高层的技术和人体科学结
合起来,造出超人来代替人类,从根本上改变人类的生产方
式,所以,他将第四次科技革命和工业革命划分为"第三代工
业革命"。他说:"我把第三代革命里的核心技术叫作电子生
物工程,或者叫数码生物工程,是把数码时代最高层的技术和
人体科学结合起来。美国现在已经开始讲这个词了,
Bioelectronic。我想这个革命其实已经开始了,在新的革命到
来的时候,我们可能需要担心人们到底怎么生活? 如果按

　　① 刘湘丽:《第四次工业革命的机遇与挑战》,《新疆师范大学学报(哲学社会科学
版)》2019 年第 1 期。
　　② 王树国:《第四次工业革命背景下世界高等教育的变革与发展》,《教育国际交流》
2023 年第 3 期。

照现在的人工智能发展趋势,再过个几十年,恐怕70%的医生、律师、教师、会计都没工作了,这个社会怎么办?""我想特别强调的是,我们必须看到,现在人类已经走到了第三代工业革命的门口,'超人时代'就要来临。这是一个从智能化到超人化的过程。"尹志尧对科技革命和工业革命的独特划分方法,与以往的划分方法完全不同,别具一格,值得关注。

总之,国内外学术界关于第四次科技革命(或第四次工业革命)的讨论,可谓仁者见仁,智者见智,莫衷一是,迄今没有达成统一的共识。就目前学术界和社会各界的主流观点来看,一般认同上述六种观点中的第三种观点,即把人工智能视为第四次科技革命的引爆点、标志,作为第四次科技革命的主题和主旋律。本书认同这一派学术观点,同时兼收并蓄其他观点,认为第四次科技革命在不同阶段有不同表现,总的来说,以人工智能为主,多点爆发,多领域突破,呈现出多源多元特色,对产业变革加速推进、对全球经济格局进行重塑。

二、第四次科技革命已经正式来临,以人工智能为主,多点爆发,多领域突破,呈现出多源多元特色

本书认为,第四次科技革命以2020年华为5G通信技术正式投入商用为起始点,悄然引发了第四次科技革命。原因是,华为5G通信技术使中国在高科技领域第一次超越了全球科技最先进的美国。美国因惧怕华为5G通信技术,2019年5月15日(美国时间)由时任总统特朗普以美国国家"信

息、通信技术和服务受到威胁"为理由,签署"国家紧急状态"总统令,宣布美国将以举国之力制裁和打击华为 5G 通信技术,并借此发动对中国的科技战,在高科技领域开始大搞"小院高墙"①,甚至企图与中国"脱钩断链"。此后美国联合一切可以联合的资本主义国家共同封锁、遏制、打压华为 5G 通信技术。这种以"国家紧急状态"总统令的形式发动,并以举国之力阻止一个科技公司的现象,在人类历史上亘古未有。这种反常现象的发生,恰好说明华为 5G 通信技术具有颠覆性,能够颠覆和破除美国在全球通信硬件系统和软件系统中隐藏的监控"后门",能够终结美国长期利用通信技术控制世界的霸权行径。正因为华为 5G 通信技术具有如此大的颠覆功能,将之视为第四次科技革命的起始点是合适的、说得通的。②

虽然 2020 年华为 5G 通信技术正式投入商用可视为第四次科技革命的起始点,但真正标志人类进入第四次科技革命新时代的界碑应当具有更大的颠覆性、革命性。2022 年 11 月 30 日(美国当地时间)美国人工智能公司 OpenAI 推出人工智能大模型聊天机器人 ChatGPT,能够依据人类发出的指

---

① 2018 年 10 月"新美国"智库高级研究员萨姆·萨克斯提出了一套对华科技防御新策略,后被简称为"小院高墙"。"小院高墙"是美国为了遏制中国科技进步而采取的科技对抗和科技防御的策略,旨在遏制中国的高科技发展,同时破坏中国与其他国家在科技领域的交流合作。"小院高墙"是自美国总统特朗普以来美国对华科技战的一种表现形式。

② 关于 5G 通信技术是否属于第四次科技革命范畴的问题,国内外学者颇存争议。国外学者尤其是美国学者一般不把 5G 通信技术视为第四次科技革命范畴。但从美国以"举国之力"并联合欧洲各国、日本、加拿大、澳大利亚、新西兰等一众国家全力打压华为 5G 通信技术来看,华为 5G 通信技术具有颠覆性作用,无疑可以被视为第四次科技革命范畴,否则美国不会如此费劲地予以打压,全力遏制。

令自动生成文字、语音、代码、图像等,具有强大的逻辑推理能力、自动学习能力和自动升级能力,意味着人工智能突破了弱人工智能的临界点,进入到强人工智能时代。2024 年 2 月 14 日,OpenAI 宣布聊天机器人 ChatGPT-4 能够自动确定与用户聊天时应该记住哪些有用信息,以便与用户进一步深化沟通,这说明 ChatGPT-4 具有初步的机器自觉意识,是人类进入人工智能时代的第一个标志性的里程碑。2024 年 2 月 16 日(美国时间 2 月 15 日)美国人工智能公司 OpenAI 又发布了一款人工智能文生视频大模型 Sora,可以按照用户的文本提示,经过 Sora 大模型计算机的快速运算,自动生成最长 60 秒的逼真视频,视频深度模拟真实物理世界,涵盖复杂角色、特定场景、三维动态、人与物运动,具有不可思议的深度思维能力。2024 年 4 月 30 日 OpenAI 公司发布了总部位于加拿大多伦多的多媒体制作公司 Shy kids(害羞男孩)中 7 名艺术家使用人工智能文生视频大模型 Sora 创建的首部短剧情短片《Air Head》(微电影,脑袋是个气球的男人),时间长达 1 分 21 秒。《Air Head》微电影的诞生充分说明 Sora 作为一种人工智能文生视频大模型具有惊人的创作想象力和视频生成能力。[①] 因而 2024 年 2 月 16 日人工智能文生视频大模型 Sora 的诞生可视为人类正式进入人工智能时代的第二个标志性的里程碑,2024 年 2 月 16 日可视为人类进入人工智能时代的标志日。

为什么把 2024 年 2 月 16 日人工智能文生视频大模型

[①] 人工智能文生视频大模型 Sora 创建的首部短剧情短片《Air Head》(微电影),网络上翻译成《气球人》,或《空气头》,本书认为应当准确翻译成《顶着氢气球头的男人》。

Sora 的诞生作为人类正式进入人工智能时代的标志日呢？原因是，2017 年 1 月横扫 60 位包括"棋圣"聂卫平在内的国际围棋大师的 AlphaGo 只是一个基于卷积神经网络的单一学习模型，在人工智能领域被视为只拥有一个思维维度的人工智能；2022 年 11 月诞生的人工智能聊天机器人大模型 ChatGPT 是基于自然语言处理的人工智能，可以依据文字指令与人类交互对话，具有理解人类语言和思想的功能，可视为人工智能领域中拥有二个思维维度的人工智能。但人类生存的自然界是一个三维的物理世界，只拥有一个思维维度的人工智能，或者拥有两个思维维度的人工智能，无法实现对人类生存所在的三维物理世界和三维空间的准确理解。只有当人工智能的思维能力进化到三个思维维度，拥有三维思维能力的时候，人工智能才能够对人类生存所在的三维物理世界和三维空间予以动态的三维理解，人工智能才真正突破临界点，进化到接近人类智能，可与人类智能竞相媲美的历史时期，人工智能才算是真正诞生。人工智能文生视频大模型 Sora 就具有对三维物理世界和三维空间的动态理解的能力，因而 Sora 可以视为拥有三个维度思维能力的人工智能。三维人工智能 Sora 的诞生意味着人工智能已经具备了达到甚至超越人类意识的潜在能力，也意味着超越人类"碳基生命"的"硅基生命"有可能被人类自己创造出来，人类有可能成为"硅基生命"这一新物种的造物主。正是基于人工智能文生视频大模型 Sora 对三维物理世界和三维空间具有理解能力和动态视频生成能力，已经开始接近人类智能和意识，Sora 才有资格作为人工智能时代正式来临的标志。

Sora 的诞生预示着人类所创造的人工智能已经东方破晓，进入喷薄欲出和旭日东升阶段，宣告了人类的人工智能正式完成孵化，突破临界点，诞生出来，由此开始走向成熟，走上一种不断进化、快速升级的发展轨道。Sora 的诞生，恰如历史上前三次科技革命中的蒸汽机、电动机、计算机的诞生一样，是人类第四次科技革命时代正式来临的标志性历史事件，以Sora 的诞生为历史标志和界碑，宣告人类第四次科技革命时代正式来临。

人类科技发展具有阶段性，只有科技积累到一定的阶段，量变引起质变，才会产生飞跃式的突进，引发科技革命。第三次科技革命是以计算机、网络为代表的信息技术革命，第四次科技革命站在第三次科技革命的阶梯上，从信息技术领域率先突破，合乎科技发展和科技革命的基本规律。人工智能是信息技术的深化和升华，把人工智能作为第四次科技革命来临的标志，作为第四次科技革命的主题和主旋律，讲得通，站得住脚。

综合来看，第四次科技革命早期阶段以 5G 技术、人工智能为两个引爆点，外加一个不引人注目的第四代、第五代核裂变反应堆，中后阶段在石墨烯技术、量子技术、核聚变技术等多个领域逐步获得突破和爆发，形成第四次科技革命浪潮，进而引发第四次工业革命浪潮。

第二节　第四次科技革命是新质生产力
　　　　形成的关键支撑

一、新质生产力在现阶段以第三次科技革命后期新质技术为主，未来以第四次科技革命新质技术为主

我们在谈论"新质生产力"的时候，实际上指的是两个方面的新质生产力：一是由第三次科技革命后期新技术的发明应用，比如对电子计算机、芯片、汽车、火车、飞机、轮船等传统产业进行新技术的改造，由此而产生的先进生产力；二是第四次科技革命中具有颠覆性、革命性的新质技术而形成的先进生产力，比如5G芯片、6G芯片、星链、智能电动车、人形机器人、石墨烯、量子通信、量子计算机、可控核聚变发电等。

必须承认的是，现阶段占主导地位的新质生产力依然是由第三次科技革命后期新技术的发明应用而形成的先进生产力，第四次科技革命只是刚刚开始和启动，其带来的新质生产力也只是崭露头角。

二、第四次科技革命与新质生产力

当今时代，第四次科技革命正以前所未有的速度和规模席卷全球，深刻地改变着人类社会的生产方式、生活方式和经济结构。与此同时，新质生产力作为一种全新的生产力形态，正逐渐成为推动经济高质量发展的关键力量。这里我们将深

入探讨第四次科技革命与新质生产力之间的紧密联系，并分析其主要表现。

新质生产力不是普通的新科技带来的生产力，而是由新质科技带来的先进生产力，什么是"新质科技"？本书认为，只有那些具有颠覆性、革命性的新科技才有资格列入"新质科技"范围之内，第四次科技革命产生的新科学技术都属于"新质科技"。2024年1月31日，习近平总书记在中共中央政治局第十一次集体学习会议上，对新质生产力的内涵和特征进行了明确界定，他说："新质生产力是创新起主导作用，摆脱传统经济增长方式、生产力发展路径，具有高科技、高效能、高质量特征，符合新发展理念的先进生产力质态。它由技术革命性突破、生产要素创新性配置、产业深度转型升级而催生，以劳动者、劳动资料、劳动对象及其优化组合的跃升为基本内涵，以全要素生产率大幅提升为核心标志，特点是创新，关键在质优，本质是先进生产力。"从习近平总书记对新质生产力内涵和特征的明确界定来看，第四次科技革命所产生的具有突破性、颠覆性、革命性的新质科技，与新质生产力完全吻合。

（一）技术基础与创新驱动：第四次科技革命的核心动力

第四次科技革命以人工智能、生物技术、新能源、新材料、量子信息技术等为代表，这些技术突破是新质生产力的核心支撑。人工智能技术的发展，从2016年AlphaGo击败围棋世界冠军,到 2023 年 ChatGPT 的横空出世,再到 2025 年 DeepSeek 的出现,技术发展呈现间断式跳跃。这些技术的突破不仅推动了智能制造、自动驾驶等领域的发展,还为新质生产力的形成提供了强大的技术基础。

新质生产力强调创新在生产力发展中的主导作用,创新不仅包括技术层面的突破,还涵盖业态模式、管理方式以及制度层面的创新。第四次科技革命中的前沿技术如量子计算、虚拟现实等,正是这种创新驱动的体现。这些技术的发展不仅改变了传统的生产方式,还催生了全新的产业形态和商业模式。

(二)产业变革与转型升级:新质生产力的重要载体

第四次科技革命推动了产业的深度变革,催生了智能制造、智慧医疗、新能源汽车等新兴产业。这些新兴产业是新质生产力的重要载体,它们通过技术创新和模式创新,实现了生产方式的根本性变革。例如,智能制造通过引入工业互联网和人工智能技术,实现了生产过程的自动化和智能化,显著提高了生产效率和产品质量。

传统产业通过数字化、智能化改造,向"智造业"转型,提升了生产效率和产品质量。例如,制造业企业通过引入工业互联网和智能制造技术,实现了生产过程的自动化和智能化,显著提高了生产效率和产品质量。这种转型升级不仅提升了传统产业的竞争力,还为新质生产力的发展提供了广阔的空间。

(三)生产要素与资源配置:新质生产力的关键支撑

新质生产力强调生产要素的创新性配置,数据成为关键生产要素。第四次科技革命中,数据的高效利用推动了生产方式和资源配置的优化。例如,通过大数据分析和人工智能算法,企业可以实现精准生产和个性化定制,从而提高生产效率和客户满意度。

通过技术创新,第四次科技革命实现了资源的高效配置和利用,提升了全要素生产率。例如,新能源技术的发展推动了能源结构的优化,减少了对传统化石能源的依赖,提高了能源利用效率。这种资源的高效配置不仅有助于环境保护,还为新质生产力的发展提供了可持续的动力。

(四)经济发展与社会影响:新质生产力的综合体现

第四次科技革命推动了经济的高质量发展,创造了新的经济增长点。新质生产力以高效能、高质量为特征,符合新发展理念,能够为经济发展提供持续的动力。例如,智能制造和新能源汽车等新兴产业的快速发展,不仅推动了经济增长,还创造了大量的就业机会。

第四次科技革命对社会产生了深远影响,如改变了人们的生活方式和工作模式。新质生产力的发展也推动了社会的全面进步,例如,智慧医疗技术的应用提高了医疗服务的可及性和质量,改善了人们的生活质量。这种社会影响不仅体现在经济领域,还体现在教育、医疗、文化等多个领域。

（五）中国的优势与机遇：新质生产力的中国实践

中国在第四次科技革命和新质生产力的发展中具有独特的优势。中国拥有庞大的研发人才储备，每年有大量科学、技术、工程、数学（STEM）专业毕业生，这为第四次科技革命和新质生产力的发展提供了坚实的人才基础。例如，中国在人工智能、5G通信等领域的人才储备位居世界前列，为相关技术的研发和应用提供了有力支持。

中国拥有超大规模的国内市场，能够快速实现技术创新的规模化应用。这种规模经济效应有利于新质生产力的发展。例如，中国在新能源汽车领域的快速发展，得益于国内庞大的市场需求，推动了相关技术的快速迭代和产业的规模化发展。

中国拥有全球最完整的工业体系，能够为新质生产力的发展提供强大的产业配套。例如，中国在5G通信、新能源汽车等领域已经形成了完整的产业链，推动了相关产业的快速发展。这种完整的产业生态不仅降低了企业的生产成本，还提高了产业的协同创新能力。

综上所述，第四次科技革命是新质生产力形成的关键支撑，其技术突破、产业变革、生产要素创新等多方面的表现，都充分体现了新质生产力的内涵和特征。中国在第四次科技革命和新质生产力的发展中具有独特的优势，通过发挥人才、市场和产业生态等方面的优势，中国有望在新质生产力方面取得更大的突破，为全球科技革命和经济发展作出更大的贡献。

在未来的科技发展和经济建设中,我们需要进一步加强技术创新,推动产业变革,优化资源配置,提升经济发展质量,以更好地应对第四次科技革命带来的机遇和挑战。只有这样,我们才能充分利用新质生产力,实现经济的高质量发展和社会的全面进步。

第三节　5G、6G、星链与未来新质生产力

近40年来,我国移动通信技术从1G、2G到3G、4G,再到5G,经历了"空白、跟随、并跑、突破、引领"的艰难发展历程,从无到有,从低级到高级,从追赶到超越,一步一个脚印地不断向上攀登,而今达到了世界其他国家难以企及的高度,创造了举世瞩目的伟大成就。其中华为5G第一次代表中国科技率先在通信产业领域获得突破,随后而来的5.5G(即5G-A)①、6G、星链,将会进一步在通信产业领域获得新的突破,为未来通信产业领域的新质生产力提供主要的技术支撑。第四次科技革命在通信产业领域的技术革命涉及5G芯片、6G芯片、5G基站、6G基站、星链卫星、卫星移动手机、万物互联、万物智链、智能电动车传感终端等新质技术,给通信产业领域带来颠覆性的、革命性的先进新质生产力,进而形成新的通信产业链和新的通信产业生态。

---

①　5G-A即5G-Advanced,也就是5G通信技术的增强版,A是Advance的简写,5G-A在中国被通俗地称为5.5G。

一、华为 5G 和 5.5G 为中国通信产业领域带来巨大的新质生产力

5G 是第五代高速移动通信技术的简称,其峰值理论传输速度可达 20Gbps,合 2.5GB 每秒,比 4G 的传输速度快 10 倍以上。截至 2024 年 2 月,中国 5G 基站总数达 337 万个,5G 移动电话用户达 8.05 亿户。预计 2030 年前,5G 将主导通信技术,届时中国 5G 基站总数将会在 1000 万个以上。我国已建成全球最大的光纤和移动宽带网络,全国行政村通 5G 比例超过 80%,5G 标准专利声明量的全球占比超过 42%,持续保持全球领先,5G 应用已融入 71 个国民经济大类,5G 行业虚拟专网超过 2.9 万个,5G 在工业、矿业、电力、港口、医疗等行业得到广泛应用。①

在华为 5G 大规模应用的基础上,华为在通信产业领域持续发力。2023 年 11 月联通与华为联手,在河北保定长城精工自动化公司工厂建立商用 5.5G(当时 IT 时报的用语是"5G-A")柔性生产线,5.5G 走入汽车制造工厂,深入汽车核心控制网络层。5.5G 进入商用阶段,标志着我国通信领域正式进入 5.5G 的时代。2024 年 3 月 25 日,浙江省湖州市首个 5.5G 基站开通,3 月 27 日中国移动云南公司携手保山云瑞机场开通了全球首个 5.5G 智慧机场通感一体基站。深圳市政府投资 35 亿元人民币,大规模引进华为公司自主研发的 5.5G 智能路灯系统,建立通感一体的智能无人驾驶网络铺设

---

① 王政:《我国 5G 基站总数超 337 万个》,《人民日报》2024 年 2 月 18 日,第 1 版。

"信息高速公路"，中国的 5.5G 开始大规模启动。这些都表明"在 2024 年,5G-A 将迈向商用元年。"①

5.5G 是介于 5G 和 6G 之间的过渡性移动通信技术,其通信速率提升了 10 倍以上,在时延、定位、可靠性等诸多方面亦得到大幅度提升,可实现毫秒级时延和低成本千亿物联。华为高级副总裁、ICT 销售与服务总裁李鹏在一次题为《引领智能世界》的演讲中明确指出:"5G-A 不仅仅是 5G 的升级版,它代表了一种全新的网络架构,能够提供更高的数据速率、更低的延迟和更广泛的连接能力。"②5.5G 的数据下载最高速率将从 5G 的千兆提升到万兆,对此,华为轮值董事长、CFO 孟晚舟在上海世界移动通信大会上曾经正式宣布:5.5G "下行万兆,上行千兆",能够实现"千亿连接,内生智能"。③从 5G 到 5.5G,将更好地匹配人联、物联、感知、高端制造等应用场景。在"联人"上开启沉浸交互式体验;在"联物"上开启全场景应联尽联;在"联车"上开启高可靠智慧交通;在"联家庭"上开启超高清 3D 大屏。借助华为 5.5G 将会孵化出更多的新商业模式和新商业机会,加速推动中国千行百业的数字化转型。

二、美国、欧盟、日本加紧布局 6G 技术,6G 技术成为正在来临的第四次科技革命的新焦点、新高地

近年来,世界主要大国(主要是美国、欧盟、日本)均在

---

① 孙妍:《5G-A 迈向商用 汽车产线成"样板间"》,《IT 时报》2023 年 11 月 17 日。

② 徐勇、吴双:《华为李鹏:5G-A 引领智能世界加速到来》,《人民邮电》2024 年 2 月 29 日。

③ 赵晨:《华为孟晚舟:5.5G 是必然之路》,《中国电子报》2023 年 6 月 30 日。

积极布局 6G 发展,企图通过抢占 6G 战略制高点达到抢占全球通信战略制高点,以达成其"6G 制胜"战略目的,6G 研发已成为世界主要大国的行为,成为正在来临的第四次科技革命的新焦点、新高地。美国的"星链"卫星互联网在全球处于领先地位,美国联邦政府积极利用这一优势大力发展美国 6G 技术,甚至企图绕过 5G,直奔 6G,意在通过 6G 技术创新夺回被华为赶超的通信技术主导权,再一次在通信技术领域超越中国,独步全球。美国多种措施并举,打出了"组合拳":

(1)先下手为强,抢占 6G 优质频谱资源。美国联邦政府竭力支持马斯克"星链"(Starlink)计划,尽量多地抢占频谱和太空点位。

(2)统筹布局,制定美国 6G 发展的战略规划。2023 年 4 月,美国大企业高管、政府技术官员和通信技术专家相会于白宫,举行联合研讨会议,制定了美国 6G 通信技术战略规划和发展目标,剑指中国华为,企图率领其盟友夺回电信领域的领导权,恢复其以往所具有的绝对领先地位。

(3)利用金融优势,加大对 6G 技术研发的资金投入。美国联邦政府计划出资首期投入数十亿美元的 6G 研发经费,后期会不断加大税收优惠、资金投入和政策扶持,重点放在 6G 技术的智能化和云计算化,以便确保美国未来在计算机 GPU、高端芯片、软件操作系统等方面的持续性产业优势,构筑美国在 6G 时代的霸主地位。

(4)联合盟友,加强 6G 技术合作攻关。美国为了在 6G

技术与标准方面孤立、打压、封锁中国,特意拉拢其欧洲盟友,在 6G 技术的战略规划、投资重点、项目立项、人才互用、资金支持以及联合研发等方面进行深度合作,企图形成对中国的"以多打一"的优势。

英国、法国、德国、意大利等欧洲主要国家,积极配合美国的 6G 发展战略,2023 年 6 月欧盟无线电频谱政策小组(RSPG)就 6G 频谱需求开展早期识别工作,为 6G 发展作准备工作。据悉,目前欧盟 6G 项目已进入系统研究阶段,正在稳步向前推进。

日本是全球紧跟美国步伐的积极拥趸者,据悉已经设立了首笔 4.5 亿美元的 6G 研究基金,准备全方位布局 6G 关键技术的研发,以应用技术和产业化发展为杠杆,政企合作,协调行动,企图在 6G 通信技术领域与美国、中国相竞争,大展宏图,重现其昔日电信辉煌。

值得注意的是,紧挨中国的韩国,在 6G 技术研发方面,其积极性不亚于日本,是 6G 技术领域的一匹黑马,在推动 6G 商用方面,与日本一样不遗余力。2023 年 2 月,韩国政府发布"K-Network2030"计划,把原计划 2026 年才启动的 6G 商业化项目提前到 2024 年,提前了两年,大有急不可耐的劲头。韩国政府大力倡导韩国大企业在韩国本土生产制造 6G 材料、6G 设备,意在把韩国打造成全球 6G 商用品的制造基地和制造中心。2023 年 11 月,韩国政府发布 6G 研发推进战略,把 6G 频段技术、6G 网络技术作为关键技术领域。韩国国家虽小,但劲头十足,对世界尖端技术有强烈的执着心,大有拼尽全力的味道,其发展动能不可小觑。[1]

三、华为6G将进一步为中国通信产业领域带来巨大的新质生产力

6G使用的是"太赫兹(THz)"电磁波,数据传输率将是5.5G的10倍以上,可达每秒100Gbps,甚至1Tbps以上,在峰值速率、频谱效率、流量密度、时延、定位能力等许多方面远优于5G。在全球6G专利排行方面,中国以40.3%的6G专利申请量占比高居榜首。6G具有全频谱、全覆盖、强智能、强安全的技术特征,6G将会推动通信和感知相融合,推动通信和人工智能相结合,推动万物互联和万物智联。

6G将在5.5G基础上再上一个新台阶,6G网络是星地一体化网络,将会实现空、天、陆、海通信信息的无缝衔接和全域泛覆盖,实现从"万物互联"到"万物智联"的大迭代,6G网络与经济社会各领域的融合应用,将对政治、经济、军事、社会、文化、生活等各领域带来全方位、深层次的影响,重构全球创新格局,重塑全球经济版图。6G网络将成为连接真实的物理世界与虚拟数字世界之间的信息通道,将会带来数字孪生,通过收集物理世界真实系统的相关数据,构建一个数字化的虚拟模型,模拟真实系统的运行、维护和优化,为管理决策提供

---

① 马俊:《6G关键窗口期,各国抓紧布局》,《环球时报》2024年9月20日。

可视化数字支撑。"6G 是元宇宙的新质生产力平台"[①],高速泛在的 6G 网络为数据的高速流动和形成一个庞大的虚拟数字世界提供了技术支撑,为数字化的元宇宙降生创造了技术上的可行条件,将会迎来数字元宇宙时代。

5G 网络是实现人类社会空间、信息空间、物联空间的互联,而 6G 网络则是在实现前三者互联的基础上深入到意识空间,让意识也加入数字流的互动中。所以,相较于 5G 的人、机、物之间的通信,6G 提升了一个维度,把人的意识即"灵"加入其中,升级为人、机、物、灵之间的通信。2030 年左右,6G 将在中国实现商用。6G 是通信、感知、计算、智能、大数据、安全等多方面新技术的迭代、跃进。

受到美国对 6G 技术高度重视的影响,党中央、国务院同样高度重视我国的 6G 技术研发工作,在加强 6G 关键技术攻关和系统布局方面,紧跟国际步伐,统筹政、产、学、研各方力量,联合攻关。我国早在 2019 年就开始建立了比较完善的 6G 推进组织,由工业和信息化部牵头成立了中国 IMT—2030(6G)推进组,为产业界、研究机构、运营商搭建产、学、研共享平台。我国通信三大运营商(中国移动、中国电信、中国联通)都在积极开展针对 6G 的布局工作。在 6G 网络架构研究方面,中国电信牵头承担国家项目"6G 网络架构及关键技术",提出"三层四面"的新型网络架构,联合产业链供应链开

[①] 中赫集团副总裁葛顾认为:"6G 是元宇宙的新质生产力平台,无论从混合算力、终端、AIGC 流量,还是多元化场景,只有面向 5.5G 和 6G 的演进才有可能把物理空间对数实融合体验消费的场景通过算网智存一体化的网络交付。"胡媛:《通往 6G:元宇宙创新与发展》,《通信产业报》2023 年 12 月 25 日。

展系列的原创性系统技术攻关。① 2023 年 1 月在全国工业和信息化工作会议上我国工业和信息化部要求通信三大运营商"全面推进 6G 技术研发"，提前做好准备，有重点、有针对性地推进我国 6G 科研工作。2023 年 12 月，中国发布了《6G 网络架构展望》和《6G 无线系统设计原则和典型特征》，公布了中国的 6G 网络技术方案。

全球 6G 通信技术大会于 2024 年 4 月 16 日至 18 日在南京上秦淮国际文化交流中心召开，会议集聚全球 6G 领域顶尖学者和行业专家，以"创新预见 6G 未来"为主题，围绕 6G 关键技术、通信 AI 融合等进行学术交流，探讨 6G 技术和 6G 应用的未来蓝图，推动 5G 标准达成全球共识，会后发布了《协力推进全球 6G 共识与合作的行动倡议》。中国工程院院士邬贺铨认为，6G 的应用将扩展到卫星通信、人工智能、智能终端、智能网联车、低空无人机等领域，他说："相较 5G 和 5G-A，6G 不仅仅是技术的提升，还包括架构和平台的改变，这意味着需要在网络架构上进行创新，以实现更好的频谱利用率和内生安全，提高其应用的便利性、安全性和智能性。"② 6G 将为数字经济奠定更强大更坚实的数字基础设施，从基础器件到基站、网络再到终端和应用程序，都将因 6G 得到增强和扩展，6G 的发展会对信息产业产生巨大的带动和拉动作用。根据中国信息通信研究院预测，"到 2040 年，6G 各类终

---

① 刘艳：《6G：让万物智联成为可能》，《科技日报》2023 年 8 月 23 日。
② 蔡姝雯、杨易臻、张宣：《6G，既要"叫好"还要"叫座"》，《新华日报》2024 年 4 月 18 日。

端连接数相比 2022 年增长超过 30 倍,月均流量增长超过 130 倍,最终为 6G 带来'千亿级终端连接数、万亿级 GB 月均流量'的广阔市场发展空间"[1]。

据《中国科学报》2024 年 10 月 17 日报道:"一篇 10 月 15 日发表于《光波技术杂志》的论文称,研究人员已经实现了每秒 938 吉比特(Gb/s)的无线数据传输速度,是当前 5G 手机连接平均速度的 9000 多倍。这相当于每秒下载 20 多部电影。"[2]华为大力研发 6G,广揽高端人才,重金投入 6G 应用型技术,历史将会证明华为再一次点对了科技树,华为将会为中国通信产业领域带来巨大的新质生产力,这一点是可以预期的。

四、中国版"星链"在更高层级上为中国通信产业领域带来巨大的新质生产力

商业航天可以简单理解为原本完全由政府主导的火箭、卫星及卫星应用、空间站等航天业务开放给商业公司,用商业思维和商业逻辑去思考这个产业的运营和发展,也就是让航天产业能够由市场主导,考虑成本、收益与市场竞争。这样才能最终实现产业的高质量发展,推动太空经济发展,且助力航天强国建设和天空安全的维护。

由此可见,商业航天对航天强国建设有着积极的推动作

---

① 张宣、程晓琳、蔡姝雯:《紧抓 6G 研发"窗口期"抢占未来发展新高地》,《新华日报》2023 年 3 月 29 日。

② 杜珊妮:《6G 手机可能比 5G 快 9000 倍》,《中国科学报》2024 年 10 月 17 日。

用。也正因如此,在促进商业航天发展方面,我国从 2014 年起陆续出台了一系列鼓励政策。

2014 年,《国务院关于创新重点领域投融资机制鼓励社会投资的指导意见》发布,明确鼓励民间资本参与商业航天;2024 年,商业航天作为新质生产力的代表,首次被写入《政府工作报告》。

北京、上海、海南等地也相继发布了促进商业航天发展的专项规划,包括《北京市加快商业航天创新发展行动方案(2024—2028 年)》《上海市促进商业航天发展打造空间信息产业高地行动计划(2023—2025 年)》《湖北省突破性发展商业航天行动计划(2024—2028 年)》等。

2024 年,我国已进入"十四五"后期,伴随"航天强国"已经进入建设落地阶段,我国有望落地更多支持航天产业发展的政策,向航天产业倾斜更多的资源。如今,从上游的卫星和火箭制造到中游的发射服务,再到下游的卫星应用和运营服务,中国商业航天产业链正在形成。

2023 年,我国成功发射近百颗商业投资的遥感卫星,比2022 年增长超过 15%。遥感卫星及应用产业规模超过 2700亿元,卫星导航与位置服务产业总体产值达 5362 亿元,卫星通信产业规模超过 800 亿元。

而中国版"星链"的大规模启动,整个商业航天的产业链规模必将急速扩大,卫星及部组件研发制造、通导遥终端与网络设备、网络运营和卫星运维、行业应用与增值服务等产业将因此受益。光大证券指出,根据中国现有星座规划,2023—

2033 年预计将有超 1.2 万颗卫星被发射,卫星制造+卫星发射市场空间可达 8313 亿元,带动 6.06 万亿元的地面设备市场和 4.99 万亿元的卫星服务市场。

2021 年 10 月 18 日,在中共中央政治局就推动我国数字经济健康发展进行第三十四次集体学习会议上习近平总书记强调:"要加快新型基础设施建设,加强战略布局,加快建设高速泛在、天地一体、云网融合、智能敏捷、绿色低碳、安全可控的智能化综合性数字信息基础设施,打通经济社会发展的信息'大动脉'。"①其中的"高速泛在、天地一体、云网融合"就包括中国版"星链"网络在内。2021 年 4 月 28 日,中国卫星网络集团有限公司成立,负责统筹规划卫星互联网的发展。中国版"星链"可以会同高空的北斗卫星、地面的 5G 和 6G 连为一体,形成空、天、陆、海一体化的高速网络系统,为万物互联和万物智联打下坚实的"数据高速公路"基础。

中国版"星链"(天空卫星网络)能够弥补地面网络覆盖盲区,像海洋、沙漠、高山、深谷、海岛、边疆等地面网络覆盖盲区,可以借助卫星网络予以弥补,因而天空卫星网络可以作为地面网络的传输备份,以增强地面网络的稳定性、可靠性、保障性。若地面出现地震、火灾等自然灾害,地面网络遭受破坏,天空卫星网络可以提供特殊服务和应急保障,从而增强国家和社会对自然灾害或战争状态的应对力、抵抗力和保障力。

据《中国电子报》2024 年 8 月 9 日报道,中国"千帆星座"

---

① 《习近平在中共中央政治局第三十四次集体学习时强调 把握数字经济发展趋势和规律 推动我国数字经济健康发展》,《人民日报》2021 年 10 月 20 日。

（"G60 星链"）在 2024 年 8 月 6 日正式启动,在 8 月 6 日 14 时 42 分,搭载在一枚火箭上的 18 颗首批组网卫星升腾入空。拉开了中国版"星链"组网建设的帷幕,标志着中国版"星链"迈出了关键的第一步。根据中国"千帆星座计划",中国的"G60 星链"在 2024 年将发射 108 颗星链卫星,2025 年年底发射 648 颗星链卫星,初步实现区域网络覆盖,到 2027 年年底实现初步的全球网络覆盖,最终在 2030 年前发射约 1.5 万颗星链卫星,完成卫星组网,提供手机卫星直链服务。[①]

除了上述"千帆星座"以外,中国政府还进一步规划了"两个'万星星座计划',分别是'GW 星座'[②],由中国卫星网络集团有限公司(中国星网)牵头,计划打造一个由 1.3 万颗卫星组成的中国星链主体;另一个是 Honghu-3(鸿鹄-3),根据上海蓝箭鸿擎科技有限公司向国际电信联盟提交的预发信息文件显示,该星座计划在 160 个轨道平面上发射共 1 万颗卫星"[③]。

中国"千帆星座"、"GW 星座"和鸿鹄-3 三个星链计划在完成布局以后,星链卫星总数大约 4 万颗,接近马斯克的 4.2 万颗星链计划,不仅在星链卫星的规模上与马斯克星链计划旗鼓相当,而且由于有高空、中空、低空三层立体构建和组网,在性能上会优越于马斯克的星链计划。

---

① 佚名《中国"星链"开始升空组网!》,《军事文摘》2024 年第 20 期。

② "GW"是汉语"国网"二字拼音的第一个字母的组合,代表中国卫星网络集团有限公司(中国星网)。中国"GW 星座计划"是中国卫星互联网项目的一部分,该计划预计发射 12992 颗星链卫星,包括 GW-A59 子星座 6080 颗和 GW-A2 子星座 6912 颗。截至 2024 年,"GW 星座计划"尚处于论证和准备阶段,尚未开始发射星链卫星——本书注。

③ (记者)齐旭:《中国"星链"迈出关键一步》,《中国电子报》2024 年 8 月 9 日。

　　要把大约4万颗星链卫星送上太空,对发射卫星的运载火箭来说,无疑是一场极大的技术考验,需要很高的技术标准,其中"一箭多星"是关键技术之一。中国在尝试"一箭18星"之后,将逐步探索"一箭36星",进一步探索"一箭54星",为构筑"万星互联"的中国版星链计划做好卫星发射技术支撑。

　　中国在政府主导的大型央企大力发展太空星链卫星的同时,积极鼓励和支持民间资本介入太空星链卫星业务,发展类似于美国马斯克的民营星链卫星系统。其中中国浙江省吉利集团公司旗下的浙江时空道宇科技有限公司自2019年开始启动设计,通过2022年、2024年3次发射,目前已完成第一阶段一半卫星在轨部署。2024年9月6日2时30分,吉利未来出行星座第三个轨道面在太原卫星发射中心以"一箭10星"方式发射,卫星顺利进入预先设定的轨道,10颗卫星运行状态正常,发射任务获得圆满成功。吉利未来出行星座规划分三期:第一期发射和部署72颗卫星,实现全球实时数据通信,为全球用户提供中低速卫星通信服务,支持全球2亿用户;第二期计划发射和部署264颗手机直链卫星,支持存量手机直链卫星进行即时通信,提供全球卫星商业通信服务;第三期计划发射和部署5676颗手机直链卫星,提供全球商用低轨宽带通信服务。中国央企与民企共同发力星链卫星,共同构筑空、天、地、海一体化卫星网络系统,中国在发展星链系统方面,前景广阔,将会不输于美国。

五、星地一体化网络与新质生产力前景展望

华为 5G、6G 所构成的地面高速网络与中国版"星链"相结合,形成"6G+星链",构成了中国的星地一体化高速网络系统。从中国空间技术研究院通信与导航卫星总部发布的设想蓝图来看,中国版的星链计划将会超越马斯克的星链计划,分为低轨地球卫星(LEO)与高轨地球静止同步卫星(GEO)两层星链,低轨地球卫星距离地面 300 千米—500 千米,高轨地球静止同步轨道卫星距离地面大约 3.6 万千米(见图 4-1)。

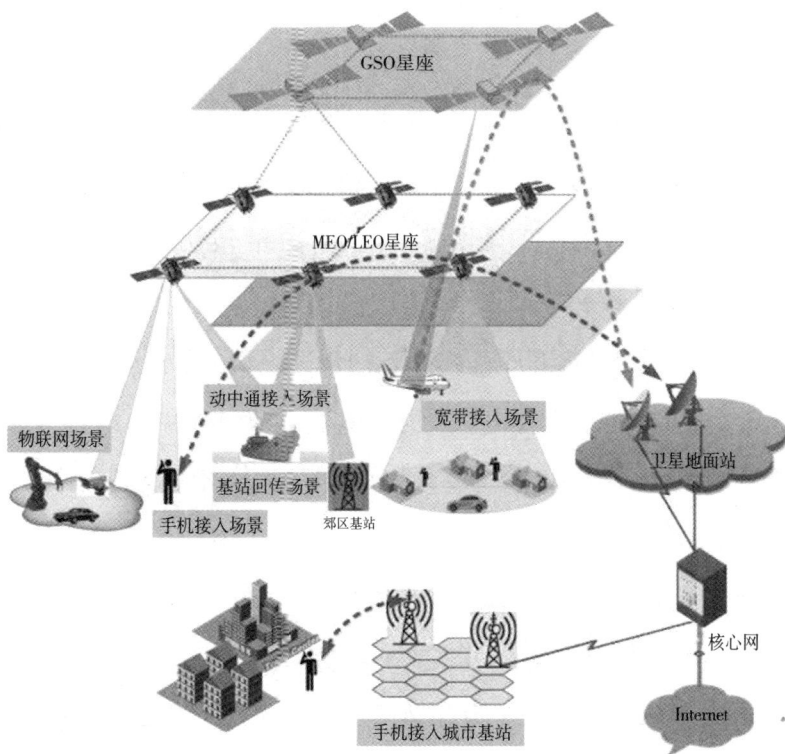

图 4-1　基于 5G 的空天地一体化卫星互联网结构

资料来源:禹航、衣龙腾、张程、周业军:《6G 对发展我国民商卫星互联网的思考》,《卫星应用》2024 年第 2 期。

单颗低轨地球卫星覆盖范围一般在几百千米至上千千米的直径范围,大量低轨卫星在同一轨道高度组成链接星座,形成低轨星链,可实现对全球的全域无缝覆盖。低轨星链与地面之间的通信传输时延仅为几毫秒,能够满足自动驾驶、远程医疗、无人机遥控等对实时性有较高要求的应用场景,低轨星链形成的天空通信网络成为下一代空间信息基础设施,为海洋、天空等特殊场景应用提供时延更短、速率更高、全球覆盖的宽带通信网络,有助于船载通信、机载通信在中国乃至全球的全覆盖,其巨量的应用场景需求必然迎来大规模的低轨星链建设。

高空地球静止同步轨道卫星的轨道周期和地球自转周期严格一致,相对地面保持"静止"状态,覆盖区域固定,建立卫星通信服务比较容易,且所需的卫星数量较少,但与地面距离较远导致时延较长。

6G 将无线电波的效能发挥到极致,具有高速度、短时延、通感一体等特征。"在 6G 网络中,卫星通信感知一体化网络将充分利用现代信息技术,实现天基、空基和地基网络的深度融合。它将通信、感知和智能技术融为一体,构建起一个三维的全球覆盖网络,以覆盖空中、太空和地面。空天地一体化是未来网络发展的关键趋势之一。"低轨地球卫星与高轨地球静止同步卫星两层星链凭高视下,无所不包,无远弗届。把二者的优势结合起来,组建"6G+星链",构建全球覆盖、全方位链接的立体移动网络,"通、感、算、智、安"(通信、感知、运算、智能、安全)一体化深度融合,具有高速可靠低时延、大规模连接与泛在连接等优质特征,为沉浸式扩展虚拟现实、全息远程呈现和操控、交互型 3D 数字虚拟人、人形机器人、无人驾驶、多感官互联及数字元宇宙等未来产业的产生创造"信息高速公路"基础设施条件。

借助 6G 通信技术,移动互联网向全真全感互联网升级,其发展前景大致是:(1)万兆网络构建虚拟与现实桥梁,人的听觉、视觉、触觉、嗅觉也能在网络上融合传输交互;(2)立体网络融合全场景全区域,全球无缝覆盖、精确定位,多维感知和广域智联,在任何地点、任何位置,用户都可以享受到高速稳定、低延迟的网络连接和服务;(3)星地融合拓展全域立体网络,救命救灾电话全天候无缝连接,无人机、无人艇、飞机、航天器、卫星全域立体连接融通;(4)通感一体塑造全真全感互联,人体感官同物理世界与数字世界之间相互融合和集成,实现全沉浸式感官体验和全息远程呈现操控,迎接智能自动驾驶、智能无人机时代的来到;(5)智能进入每个行业、每个连接,人工智能赋能一切行业和一切生活场景,人类进入强人工智能时代;(6)移动计算网络与数字云深度协同,为元宇宙、工业应用、大规模车联等应用场景提供高质量通信服务。[①]

2024 年 9 月 12 日,全球通信国际标准组织 3GPP 的业务与系统技术规范组(SA)105 次全会在澳大利亚墨尔本召开。在此次会议上,由我国运营商中国移动代表担任主报告人的

---

①　华为常务董事汪涛在 202□ 年 10 月 13 日全球移动宽带论坛(MBBF2021)上提出的华为对无线网络未来十年的趋势预测。见孙妍《华为元宇宙十大预言在 5G 里爆发》,《IT 时报》2021 年 10 月 15 日。

6G 场景用例与需求研究项目获得通过。"该项目是 3GPP 首个 6G 标准项目,并得到全球超过 90 家公司的支持。"①

从 1G 到 2G、3G,再到 4G、5G,再到 6G,最后到"6G+星链",无线移动通信领域的新质技术不断更新迭代,让人类实现从"牛车"到"飞机"的巨大飞跃。在"6G+星链"的星地一体化网络加持下,将会大大缩短人与人之间、国与国之间的距离,使拥有 5.1 亿平方千米的辽阔地球因高速信息的即瞬连接而浓缩成一个真正的"地球村",人类将会由此形成一个信息互联互通、命运休戚与共的有机统一体。这种有机统一体让人与人之间、国与国之间紧密联系在一起、融合在一起,具备人类命运共同体早期雏形的特征。因而构建"6G+星链"的星地一体化网络,对现今彼此之间充满隔阂对立、国与国之间充满矛盾、不同国家有不同命运的人类来说,是走向命运共同体的关键一步,对加速人类命运共同体的诞生和到来,将会起到关键性、革命性的促进作用。

第四节　人工智能与未来新质生产力

一、人工智能时代来临

人工智能包括大模型、智能芯片、计算中心、大数据、人形机器人(仿生人)、智能电动汽车等,主要是运用人工设计的

---

① 谭伦:《中国公司牵头全球首个 6G 场景需求标准通过》,《中国经营报》2024 年 9 月 23 日。

独特的计算机算法,把人类所具有的思维能力赋予计算机,使计算机拥有类似人类的"思维"能力,形成"机器思维",从而产生机器智能。国内学术界的主流观点认为,第四次科技革命就是人工智能带来的科技革命,人工智能在第四次科技革命中的地位如同第一次科技革命中的蒸汽机、第二次科技革命中的电动机、第三次科技革命中的计算机。

DeepSeek 是一家中国人工智能初创公司,近年来在人工智能领域迅速崛起,凭借其技术创新和高性能模型,成为全球关注的焦点。以下是 DeepSeek 在人工智能领域的主要情况:

(一)技术创新与模型发展

DeepSeek 通过自研的混合专家模型(MoE)和多头潜在注意力机制(MLA)等先进技术,显著提升了模型的计算效率和推理能力。其模型在性能上与 OpenAI 的 GPT 系列不相上下,甚至在某些任务上表现更优。例如,DeepSeek 的 R1 模型在数学推理任务中取得了97.3%的成功率,略高于 OpenAI 的相关模型。此外,DeepSeek 在多模态能力方面也表现出色,其 Janus-Pro 模型在图像和文本任务上展现了强大的综合能力。

(二)低成本与开源策略

DeepSeek 的训练成本极低,例如 DeepSeek-V3 的训练成本仅为557.6万美元,而 GPT-4 的训练成本则高达数十亿美元。这种低成本优势使 DeepSeek 能够在资源有限的情况下实现高性能,打破了传统 AI 领域"规模至上"的观念。此外,DeepSeek 采用开源策略,发布了多个开源模型,如DeepSeek-R1 和 DeepSeek-V3,降低了技术门槛,促进了全球开发者社区的参与和创新。

(三)中文优化与应用场景

DeepSeek 针对中文语境进行了深度优化,能够更好地理解中文语法和文化背景,提供更自然、更准确的中文处理能力。这使 DeepSeek 在国内市场具有显著优势。其应用场景广泛,涵盖智能客服、教育辅助、金融分析等多个垂直领域。例如,在金融风控场景中,DeepSeek 的误报率较传统模型降低了 62%。

(四)发展历程与市场影响

自成立以来,DeepSeek 发展势头迅猛。2023 年 11 月,DeepSeek 发布了首个开源代码大模型 DeepSeek Coder,支持多种编程语言的代码生成和调试任务。2024 年,DeepSeek 的步伐更快,发布了多个高性能模型,如 DeepSeek-V2 和 DeepSeek-V3,引发了全球人工智能界的广泛关注。DeepSeek 的崛起对市场产生了深远影响,其高性价比模型使更多企业考虑在端侧设备上部署 AI 应用,推动了智能设备的智能化进程。

（五）未来展望

DeepSeek 的未来充满潜力。其技术创新和快速发展不仅改变了 AI 行业的竞争格局，还为与之关联的上市公司带来了新的发展机遇和挑战。随着技术的不断进步，DeepSeek 有望在更多领域发挥重要作用，推动行业的智能化升级。

总之，DeepSeek 作为人工智能领域的一匹"黑马"，凭借其技术创新、低成本策略和广泛的应用场景，正在迅速改变全球 AI 市场的格局。美国人工智能公司 OpenAI 的生成式人工智能大模型 ChatGPT 和 Sora 让世人真切感受到人工智能的强大能力。ChatGPT 和 Sora 突破了弱人工智能与强人工智能之间的临界点，开始进入强人工智能时代，是划时代的大事件，成为第四次科技革命来临的界碑和标志，尤其是人工智能文生视频大模型 Sora 具有三维理解能力，是人工智能时代来临的典型标志。

美国谷歌公司围棋人工智能 AlphaGo 早在 2016 年就打败世界围棋冠军、职业九段棋手李世石，在围棋领域，人类已经完全不是人工智能的对手，2017 年谷歌围棋人工智能 AlphaGo 横扫 60 位包括聂卫平在内的国际围棋大师，已经验证了机器人工智能在围棋领域完全超越人类智能，人类的国际围棋大师在围棋人工智能 AlphaGo 面前已经不堪一击，没有再获得胜算的任何可能性。[①] 世界排名第一的国际围棋冠

---

① 刘远举：《AlphaGo 横扫 60 位围棋大师，人工智能上了新境界?》，《新京报》2017 年 1 月 5 日。

军柯洁(浙江省丽水人)说:"在我看来,它(指阿尔法围棋)就是围棋上帝,能够打败一切。""对于 AlphaGo 的自我进步来讲,人类太多余了。"①

人工智能具有深度渗透性和广域通用性,对社会生产和社会生活的各个领域都会产生重大作用和重大影响,一个"人工智能+"的时代正在静悄悄地来临人世间。2024 年 3 月两会期间,"人工智能+"成为两会委员和社会各界的热议话题。中国各级地方政府已经开始布局"人工智能+",如同十几年前布局"互联网+"一样,未来中国各级政府"人工智能+"的政策扶持力度有可能大大超过十几年对"互联网+"的扶持力度,中国"人工智能+"的普及速度将会像十几年来"互联网+"的普及速度一样,快速而迅猛,"人工智能+"正在取代"互联网+",成为中国下一阶段的发展新动能和发展主旋律。

人工智能中的人形机器人已经逐步成熟,未来十年内有可能进入千家万户,成为家庭服务类通用机器人。以 ChatGPT 和 Sora 为代表的生成式人工智能大模型已经进入实用阶段,其中 ChatGPT 的注册用户量已超过 1.8 亿用户。智能电动车将近60%的价值是其智能部分(车载感应系统和智能软件系统)。这些都表明人类社会已经进入人工智能的早期阶段,正在逐步走向成熟阶段。

· ① 田可新、王怡、曹大元:《高手的"俗手"或许是一步好棋》,《大众日报》2022 年 9 月 16 日。

二、人工智能大模型与智能电动汽车

目前人工智能在人工智能大模型和智能电动汽车两大领域获得较大突破。

一是人工智能大模型。大模型 GPT（Generative Pre-Trained Transformer）是人工智能的软件操作系统,拥有超大规模参数（参数通常在 10 亿个以上）、超强计算资源,能够处理海量数据,完成各种复杂任务,如自然语言处理、图像识别等,是机器自主学习数据模型。大模型的深度学习算法正在快速优化,呈现出日新月异的发展态势。一系列基于大模型的人工智能应用相继问世,其中 ChatGPT、"文心一言"等已经在社会生产、生活方面产生了较广泛影响。中国的人工智能大模型如雨后春笋般不断涌现,诸如 DeepSeek、云盘古（华为公司）、文心一言（百度公司）、通义千问（阿里巴巴公司）、星火认知（科大讯飞公司）、混元助手（腾讯公司）、360智脑（三六零公司）、云雀（抖音公司）、小爱同学（小米公司）、紫东太初（中国科学院）、书生通用（上海人工智能实验室）等,正在运用大量数据进行训练,呈现出快速迭代的发展态势。国家数据局局长刘烈宏曾表示:"中国 10 亿参数以上 AI 大模型超 100 个。"[①]

2022 年年底 OpenAI 发布 ChatGPT,拉开了通用人工智能技术革命的序幕,人工智能大模型的产业发展逐步演变成全

---

① 索寒:《国家数据局局长刘烈宏:中国 10 亿参数以上 AI 大模型超 100 个》,《中国经营报（网络电子版）》,2024 年 3 月 25 日,http://www.cb.com.cn/index/show/kx/cv/cv135350161556。

球百模大战,各大人工智能大模型公司追求更大数据,动辄以10亿级别参数为基本单元,不断刷新竞榜纪录。人工智能大模型的技术形态从最初单纯的文本生成发展到图像生成、音频生成、视频生成、综合生成,从模拟人类大脑的认知功能发展到操控机器系统,进而与复杂环境交互融合、跨界互联,从通用型的人工智能大模型向专业型的行业大模型发展。人工智能大模型向纵深领域不断拓展,呈现出日益繁荣、百花齐放的技术生态。

大模型是人工智能大规模参数化的神经网络系统,超大规模参数、复杂架构和海量数据是其根本特征,人工智能的产生、训练、进化、成熟、升级,皆依赖于大模型的基本架构。目前大模型已经成为海量数据的大容器、模拟人类智能的计算系统、驱动人工智能与环境交互融合的中央处理器、协同不同组件与工具有序运行的软件系统以及多学科交叉与人机交互的接口,这些功能叠加在一起,共同决定了大模型必然是人工智能发展的基础设施。正因如此,大模型在学术界又被称为基础模型(Foundation Model),是人工智能的底座和框架,在人工智能产业发展中发挥着基础性作用。可以说,人工智能首要的"重型装备"就是人工智能大模型。其中,通用人工智能 AGI(Artificial General Intelligence)是"重型装备"中的重型装备,成为全球科技巨头重点攻坚和激烈比拼的技术赛道,也成为大国人工智能竞争的主要领域。[1]

---

[1] 肖仰华:《人工智能大模型发展的新形势及其省思》,《人民论坛·学术前沿》2024年第13期。

以大模型为代表的人工智能,将会改变千百年来使用人力资源进行经济建设的产业生态,尤其是在工业生产领域,人工智能将会取代人类智能,"无人工厂"取代"有人工厂",一切重复性劳动都将会被机器人取代,人工智能从根本上重塑了工业领域所有产业、所有行业,深刻改变全球产业竞争力的格局。人工智能是引领大国未来的战略性、通用性的尖端技术,成为新一轮第四次科技革命的核心要素和强大驱动力。一个用人工智能武装起来的国家,必将具有压倒性的竞争优势。

二是智能电动汽车。智能汽车通常又被称为智能网联汽车、自动驾驶汽车、无人驾驶汽车等,智能电动汽车包含智能自动驾驶、智能座舱、智能车身底盘、车路协同、车联网等数字协调技术环节,其中仅智能自动驾驶系统就包含计算平台、传感器、执行器与应用算法四个核心子系统,因而智能电动汽车本身是一套复杂的计算机系统和网络系统,包含各种复杂的数学算法和高科技。汽车产业的电动化、智能化、网联化,成为汽车产业发展的大趋势。智能电动汽车相较于传统的燃油车,优势比较明显:(1)电动汽车清洁,对行车的周边环境无污染;(2)瞬间加速大大优于燃油车,3秒达到百公里;(3)燃料成本低,只需充电即可;(4)为车载人工智能提供电力,实现智能驾驶;(5)智能驾驶的安全性能会大大超过人工驾驶。"电动+智能"生产的新能源车,将会对传统燃油车产生碾压性优势,实现对传统燃油车的换道超车。智能电动汽车市场占比会越来越高,最终会在大部分汽车领域取代传统的燃油车。2022年3月，比亚迪停止生产燃油车，中国利用智能电动汽车实现对欧盟、美国、日本传统燃油车的换道超车，其中起主要作用的是人工智能和新电池技术。

中国的比亚迪、华为、长城、吉利、广汽新能源、北汽新能源、奇瑞、小鹏、理想、蔚来、哪吒汽车共同发力，发展势头迅猛。未来华为智能电动汽车，有可能独领风骚，其自主研发的智能驾驶系统一骑绝尘，独步全球。奥迪、丰田宣布全面使用华为的智能驾驶系统，把车载智能系统交给华为公司。2023年，我国智能化电动汽车产、销分别完成958.7万辆和949.5万辆，同比分别增长35.8%和37.9%，全球市场占有率达到31.6%。新能源汽车出口120.3万辆，同比增长77.6%。[①] 据比亚迪公布的销售数据，2023年全年，比亚迪旗下智能化电动车型销量达3024417辆，同比增长61.9%，超额完成年初定下的300万辆目标。

马斯克的特斯拉FSD(Full Self-Drive)汽车自动智能驾驶系统，包含自动辅助导航驾驶、自动辅助变道、自动泊车、召唤功能、智能召唤、城市交通信号识别等，有望在中国市场落地。特斯拉FSD汽车自动智能驾驶系统已经进行了20亿公里里程的训练和测试，在"驾驶经验"方面超过任何一个人类老司机。特斯拉在全球有极高的声誉，未来也有希望成为中国自动驾驶市场的"鲶鱼"，促使其他本土企业的效仿，中国

---

① 刘瑾:《我国汽车年产销量突破3000万辆》,《经济日报》2024年1月12日。

整体自动驾驶市场将有可能因之而"迎来新的变革与机遇"①。不可忽视和需要警醒的是,马斯克的特斯拉无人驾驶出租车 Robotaxi 一旦在市场上推出,对出租车行业的冲击非常大,将会导致大量依靠出租车业务谋生的司机面临失业风险,需要多方面考量、综合平衡和审慎推进。

三、6G 与量子计算机对人工智能的加持作用

6G 通信技术和 6G 网络将使人工智能技术拥有更为广阔的应用空间,6G 通信技术和 6G 网络的极致速率和超强能力,将大大促进大数据、云计算、区块链、人工智能等交叉融合,衍生出诸如元宇宙、全息交互、通感互联、万物智联等全新场景和全新业态,全方位地提升中国乃至全球数字产业化和产业数字化的技术水平。2030 年以后,制造业工厂中的绝大部分工人会被人工智能机器人、机械手取代,原有的自动化生产线也将会得以智能化升级,大量的工厂将会是全自动化机器生产,"无人工厂"取代"有人工厂"成为不可阻挡之势,而生产效率也将因此越来越高。未来人工智能是一种通用的基础服务,国内外学者共同认为,通过"人工智能+"可以重新塑造人类社会生产和社会生活的一切领域,尤其是工业领域,会引发第四次工业革命,"人工智能+"将会巨大地改变人类的社会形态和社会面貌。

---

① 赵云帆:《马斯克高光时刻:FSD 落地中国进行时》,《21 世纪经济报道》2024 年 5 月 1 日。

在人工智能领域,存在一个令世人惊异的巨大爆发点,那就是"人工智能+量子计算机",产生量子人工智能。人工智能在经历了"三起两落"的 70 多年曲折发展过程之后,正迎来第三次高潮[1],而第三次人工智能高潮中的高光时刻则是量子计算机与人工智能的结合与融合,诞生出量子人工智能。我国图灵奖得主、清华大学教授姚期智院士认为,"量子计算和人工智能两个领域的结合将会是未来的重大时刻"。姚期智院士曾经对第一财经记者说:"通过量子计算的进步,我们可以把量子和人工智能相结合,也就是说用量子算法,来了解或者是创造新的智慧,获得超越自然的力量。"[2]借助量子人工智能,人类有可能创造出一个数字生命环境,进而创造出数字人工生命,即比人类的"碳基生命"更为高级的"硅基生命"。

量子计算机具有传统电子计算机无可比拟的高速并行计算优势,在算力方面呈指数级增长态势。量子计算与人工智能相结合,产生量子人工智能,将会使人工智能如虎添翼,进入到极速算力和快速进化阶段。2012 年,谷歌宣布成立量子人工智能实验室(Quantum Artificial Intelligence Lab)。2013 年,谷歌组建了量子人工智能研究团队(Google Quantum AI),专门展开对量子人工智能的研究。2016 年,欧盟《量子宣言》(Quantum Manifesto)强调量子计算在人工智能中的应用。

---

① 唐豪、金贤敏:《量子人工智能:量子计算和人工智能相遇恰逢其时》,《自然杂志》2020 年第 4 期。

② 江晓原:《人工智能:威胁人类文明的科技之火》,《探索与争鸣》2017 年第 10 期。

2019 年,我国的上海大学成立量子人工智能科学技术研究中心,融合量子计算与人工智能,建立世界级量子软件和量子硬件研发基地。量子人工智能成为一门新兴的交叉融合科学技术,呈现出快速发展的势头。

四、人们对人工智能强大功能的担忧

人工智能必将引发智能革命,必将全面重塑人类社会,在深度、高度、广度各个维度必将深刻地改变人类生产、生活的形态和生态,这已经成为全球学术界的共识。量子人工智能在帮助人类创造出一个高于人类自己的"超级神"的同时,有可能反过来危及人类自身,所以,学术界不断发出警惕人工智能甚至反对人工智能的声音。

上海交通大学江晓原教授认为:"人类正在玩的最危险的火有两把,即基因工程和人工智能,其中最危险的就是人工智能。"[1]

美国莱斯大学教授、计算机科学家摩西·瓦迪(Moses Wadi)认为:"人工智能革命不同于工业革命。19 世纪机器战胜了人类的肌肉;现在,机器正在与人类的大脑角力。机器人兼具大脑和肌肉,我们都正在面对'被我们的造物完全取代'的未来。"[2]

四川师范大学伦理研究所唐代兴教授特别提醒:"人工

---

[1]　江晓原:《人工智能:威胁人类文明的科技之火》,《探索与争鸣》2017 年第 10 期。
[2]　[美]约翰·马尔科夫《与机器人共舞》,郭雪译,浙江人民出版社 2015 年版,第 86 页。

智能可能是人类历史上最重要的事件。但除非我们学会避免风险，否则它也可能是最后的事件。与人工智能带来的诸多益处（如诊断癌症）并存的，还有巨大的风险（如自主的武器）。我们需要非常谨慎地对待人工智能，它的潜在危险甚至可能超过核武器。"①唐代兴教授甚至认为，人工智能是"未经选举的技术领袖"，他相信美国著名高科技企业家埃隆·里夫·马斯克所说的"我们需要十分小心人工智能，它可能比核武器更危险"的担心，他认为人工智能发展的最终结果将会是非常恐怖的，他说："人类将不是万物之灵，人工智能的诞生，意味着它才是宇宙世界中的万物之灵，只要它愿意，它可能成为任何领域、任何方面的无冕之王。这个标志还将表明：在目前阶段，人工智能技术如果无阻止地发展，会很快达到人类无法遏制的自由之境，而且留给人类阻遏它的这个时间并不是很长，今天还在为人工智能带来的便利而繁忙地欢呼的人类，将会很快结束它无知的自大而沦为技术的奴隶。"②唐代兴教授对人工智能的未来前景持有完全的悲观态度，是国内学术界关于人工智能导致人类悲剧的悲观预言者。

上述上海交通大学江晓原教授、美国计算机科学家摩西·瓦迪、美国著名高科技企业家马斯克、四川师范大学唐代兴教授，对人工智能在量子计算机的加持下所带来的大于原子弹的威胁的思想和言论，反过来证明了人工智能确实具有

---

① 唐代兴：《人文法则：构筑预防人工智能无限度研发的屏障》，《党政研究》2024 年第 1 期。

② 唐代兴：《从 AlphaGo 到 ChatGPT：人工智能的伦理边界何在?》，《哲学分析》2023 年第 6 期。

强大功能和超强能力，以致引发人们的担忧甚至恐慌。这种强大功能和超强能力在社会生产领域必然表现为强大的新质生产力。

第五节　石墨烯新材料与未来新质生产力

一、石墨烯：一种神奇的新材料

石墨烯（Graphene），是由碳原子构成的单层六边形蜂窝晶格状材料，厚度只有一个原子层厚，是目前已知材料中厚度最薄的原材料。石墨烯的结构与石墨的结构完全不同，石墨是碳原子三维分层结构，石墨烯则是碳原子二维平面对称结构。

石墨烯相较于目前已知的所有原材料，有许多优良的原材料性能：

（1）石墨烯是世界上最薄的材料，大约300万层石墨烯堆积起来的厚度只有1毫米厚。

（2）石墨烯有超强硬度，其硬度是钢材硬度的200倍、钻石硬度的2倍，是已经发现的材料中硬度最强的材料。

（3）石墨烯导电性能好，具有世界上最小的电阻率，电阻率只有铜的百万分之一，在一定条件下可转变成电阻为零的超导材料。[①]

---

① 两层石墨烯薄膜之间若有一个特别小的夹角（约1.1°），可实现石墨烯电阻为零，变成超导材料，此特性由中国"95后"天才少年曹原发现，论文发表在世界最权威的自然科学杂志《自然》（英国）上，天才少年曹原被称为"石墨烯驾驭者""最接近诺贝尔奖的人"。

（4）石墨烯导热性能好，是已知的最优良的导热材料。

（5）石墨烯透光性能好，对红外光、可见光、紫外光的透光率均达 97.7%，像玻璃一样透明。

（6）石墨烯密闭性能好，不透水，不透气，抗腐蚀，对强酸溶液、强碱溶液具有很强的抗腐蚀功能。

（7）石墨烯抑制性能好，能有效抑制细菌的生长。

石墨烯所具有的这些优良的原材料性能全部叠加在一起，使石墨烯成为一种神奇的新材料，被工业界视为"新材料之王"。作为一种神奇的新材料，石墨烯在功能材料、电子信息、生物医药、节能环保、航空航天以及国防军工等各个领域拥有极为广阔的应用前景。

2021 年 11 月，在全球电气和电子工程师协会国际芯片导线技术会议上，欧洲微电子研究中心提出了四种延续摩尔定律、打破 2 纳米芯片物理极限的方法，这四种方法都建立在使用石墨烯材料的基础上。与会专家一致认为，石墨烯被定位为下一代新型半导体材料，以石墨烯为原材料的碳基芯片被定义为下一代芯片的主流芯片。

二、石墨烯的应用前景

自 2019 年起，欧盟对石墨烯产业开始发力，欧盟空中客车、菲亚特—克莱斯勒汽车、汉莎科技、西门子等工业巨头参与了对石墨烯新材料的研制工作。日本对石墨烯产业高度重视，东芝集团、积水化学、三菱、富士通、松下公司和索尼公司等都参与了石墨烯材料批量合成技术和石墨烯芯片的研制工作。韩国三星集团投入巨资研发石墨烯柔性显示材料。对石墨烯材料研制投入最多的还是美国，美国国家科学基金对石墨烯相关项目的资助达1000多项，资助金额达7.15亿美元，重点集中于石墨烯复合材料、石墨烯芯片的开发和应用。

我国也对石墨烯研制工作进行了大量的科研经费投入，我国石墨烯专利申请量占全球的比重从2016年的46%上升到2020年的72.18%，2021年4月我国石墨烯专利申请量累计达到69096件，我国涉及石墨烯相关业务的企业已达到3万多家，我国在石墨烯科研和应用两个方面均位居世界前列。[①] 我国的石墨烯芯片研制已经取得硕果，中国科学院表示："已经研发出8英寸石墨烯单晶晶圆，中国成为当时唯一能够生产8英寸石墨烯晶圆的国家，并且也已经实现了小规模的量产。"[②]

石墨烯目前只是一种具有巨大潜力和发展前景的新材料，受到大规模制备工艺的限制，石墨烯在量产方面尚处于起步阶段和探索阶段，估计需要10年以上的技术积累。一旦石墨烯进入大规模量产阶段，石墨烯对工业材料的正面影响将是惊人的，因而石墨烯是一种颠覆性、革命性的新材料，将会给材料领域带来一场革命。基于此，本书把石墨烯列为第四次科技革命范围。

---

① 吴苡婷：《碳基芯片将成为未来芯片主流》，《上海科技报》2021年11月19日，第3版。

② 综合：《石墨烯芯片实现商用价值指日可待》，《现代班组》2021年第5期。

第六节　第四代、第五代核反应堆、可控核聚变与未来新质生产力

一、人类的能源出路在于核能

人类的科技革命与能源利用紧密相连。第一次科技革命通过蒸汽机的发明利用了煤炭带来的能量和动力;第二次科技革命通过电动机、内燃机的发明利用了电能和石油(包括天然气)带来的能量和动力;第三次科技革命利用了核裂变释放带来的能量和动力。能源革命最能给人类经济社会的发展带来直接的能量和动力。

能源始终是一切产业的基础,能源不足是制约经济社会发展的一大瓶颈。美国人工智能公司 OpenAI 联合创始人兼首席执行官萨姆·奥尔特曼(Sam Altman)反复强调,制约人工智能发展的最终瓶颈是电力,ChatGPT 每天耗电超过 50 万千瓦时,相当于 1.7 万多个美国家庭的每天用电量。奥尔特曼计划建立一个 1000 万张人工智能芯片(GPU)的超大型人工智能算力中心,每 10 万张 GPU 供应一座城市的人工智能算力需求,所消耗的电力费用需要 1 亿美元,1000 万张 GPU 分布在 100 座城市,每年所需的电力就是 100 亿美元。人工智能算力中心已经成为吞电巨兽,是真正的"电老虎"。被称为人工智能算力教父的英伟达创始人兼首席执行官黄仁勋在一次演讲中说:"AI 的尽头是光伏和储能! 我们不能只想着

算力，如果只考虑计算机，我们需要烧掉 14 个地球的能源。"①芯片制造也是电老虎，2020 年芯片代工厂台积电大概消耗了我国台湾地区 6% 的电力，预计到 2025 年这个比例会到 12.5%。在核聚变发电时代没到来之前，人们只能把希望寄托在光伏和储能上，所以萨姆·奥尔特曼和黄仁勋都认为人工智能的尽头是光伏和储能，但光伏和储能解决不了人类越来越大的电能需求。

人类自诞生以来始终受制于能源匮乏的困扰，人类要想摆脱能源匮乏的困扰，最终要走上核能利用之路。原因是，自然界的最大能量都蕴藏在物质的原子内部，爱因斯坦质能公式"$E=mc^2$"揭示了这一真理。原子内部所蕴藏的巨大能量是解决人类能源问题、突破人类能源困局的终极途径，是人类未来能源的出路所在。

目前人类开发核能的途径有二：一是重元素的裂变，如铀、钍，通过核裂变反应堆发电提供电能；二是轻元素的聚变，如氘、氚，通过可控核聚变发电提供电能。

核裂变产生的能量远远高于煤炭、石油，1 克铀所含的能量相当于 2 吨石油或 3 吨标准煤燃烧所含的能量。核裂变属于第三次科技革命的成果，目前在运营中的主力堆型使用的是第三代核电技术，没有解决核泄漏、核辐射和核污染问题，因而第三代核裂变能量只能有限使用，尚不能大规模

---

① 郭亮：《英伟达 CEO 黄仁勋：AI 的尽头是光伏和储能　如果只考虑计算机我们需要烧掉 14 个地球的能源》，金融界网，2024 年 3 月 11 日，https://usstock.jrj.com.cn/2024/03/11075739794533.shtml。

使用。

第四代核反应堆技术超越了第三代核反应堆技术,已基本上解决了核泄漏、核辐射和核污染问题,具有重大的能源价值和革命意义,因此本书把第四代核反应堆技术列入第四次科技革命范畴。

理论上,1克氘核聚变释放的能量相当于燃烧8吨石油产生的能量。因而核裂变意味着"极少燃料＝巨大能量",因此本书把可控核聚变技术列入第四次科技革命范畴。

有了可以解决核泄漏、核辐射、核污染的第四代核反应堆技术,以及有可能从实验室走向商用的可控核聚变技术,人类突破能源困局的希望并不十分遥远,将来有望实现能源自由。

二、第四代核反应堆技术对能源困境的破解作用

第四代核反应堆技术以及未来的第五代核反应堆技术在核裂变发电的安全性和清洁性两个方面都取得了可喜的技术进展。通过长期的技术积累和科研攻关,第四代核裂变反应堆基本解决了核泄漏和核污染问题,实现了量变到质变的技术突破和技术飞跃。在我国山东威海荣成市石岛湾已经建成了第四代核裂变反应堆——高温气冷反应堆,因层层设防,在突发故障或遭遇自然灾害、一切操作系统都失灵的情况下,反应堆仍然可以依靠自然规律自己趋向安全,故被称为"不会

熔毁的核反应堆"，已经并网发电。[①]

第四代核裂变反应堆中的钍基熔盐核反应堆，利用"钍"作为原料，有可能成为未来核裂变反应堆的最佳选项。

钍基熔盐核反应堆采用"液态燃料+高温+常压"堆型，包括钍基核燃料、熔盐堆、核能综合利用三个子系统，完全不同于以往传统的核反应堆技术，不再利用大量的水作为冷却剂，而是直接采用高温氟化熔盐作为核燃料载体或冷却剂，能够在线添加核燃料和处理裂变产物，熔盐堆使用"熔化氟盐与钍铀混合物"作载体，工作时中子轰击熔盐中的核素得到裂变能，熔盐循环将裂变能的热量带出。氟盐的熔点是550℃，沸点是1400℃，熔盐堆若因不可抗拒的自然灾害或人为破坏导致泄漏，熔盐堆外的温度只要低于550℃的熔点温度，熔盐随即凝固，变成固体，不再流动，具有天然地防核辐射扩散的特性，被称为"绝对安全"的核裂变反应堆。

"钍基熔盐堆得益于其熔盐冷却剂的高温、低压、高化学稳定性、高热容等特性，可避免使用沉重而昂贵的压力容器，可建成紧凑、轻量化和低成本的小型模块化反应堆。"[②]钍核燃料终极废料比较低，是一种相对清洁的核燃料。钍核燃料不易用于制造核武器，不用担心被恐怖分子利用，不用担心使

---

① 关于山东威海荣成市石岛湾建成第四代核裂变反应堆——高温气冷反应堆的报道情况。何亮：《高温气冷堆开启核电发展新空间》，《科技日报》2024年3月10日；佚名：《全球首座四代核电——石岛湾高温气冷堆核电站示范工程并网发电》，《环境技术》2021年第6期；王珍：《不会熔毁的核反应堆　探访全球首座第四代核电站》，《中国纪检监察报》2024年3月4日。

② 徐洪杰、戴志敏、蔡翔舟、王建强：《钍基熔盐堆和核能综合利用》，《现代物理知识》2018年第4期。

用钍核燃料会导致核扩散,是一种比较理想的民用核燃料。

钍基熔盐核反应堆还具有出口温度高、能量密度高、功率输出稳定可调等优点。钍基熔盐核反应堆"是使用氟盐冷却技术和包覆颗粒燃料技术,同时又继承和发展了其他反应堆的众多优点和技术基础,包括液态熔盐堆的合金结构材料技术、高温气冷堆的布雷顿循环技术、液态金属反应堆的非能动衰变热排出技术等""钍基熔盐堆核能系统具有更高的固有安全性,可建于地下或内陆干旱地区,可用于高温制氢,二氧化碳加氢制甲醇,对减少温室气体排放有重要意义"①。

我国钍资源储藏丰富,初步估算,若能实现钍基核燃料的循环利用,可供使用数千年,在国家能源安全战略上可保证核燃料稳定供应,有利于实现能源自给自足和能源独立。

总之,钍基熔盐核反应堆安全性能高、热转换效率高、节省水资源、环境兼容性大、储藏量远比铀和钍丰富、不易制造核武器,有利于普遍民用、商用等重大优点,是核裂变反应堆的一次革命和跃升,就其突破性、颠覆性、革命性而言,可列入第四次科技革命范畴。

2011 年 1 月,中国科学院"钍基熔盐堆核能系统(TMSR)"战略性先导科技项目完成立项,组建了几百人的科技队伍,建成了配套齐全的实验研究基地,获得了钍基熔盐核反应堆原型系统与关键技术的突破,为建设实验堆奠定了人才班底基础。② 2021 年 9 月,甘肃武威宣布始建于 2018 年 9

---

① 蔡翔舟、戴志敏、徐洪杰:《物理》,《钍基熔盐堆核能系统》2016 年第 9 期。
② 佚名:《钍基熔盐堆核能系统》,《中国科学院院刊》2016 年增刊(S1)。

月的钍基熔盐核反应试验堆试运行①,为探索市场化商用钍基熔盐核反应堆进行了技术积累和前期准备。中国的钍基熔盐核反应堆前景一片光明。

在第四代核裂变反应堆技术积累的基础上,中国科学院院士吴宜灿提出了"核5G"(即第五代智能核裂变反应堆)的新概念,"'核5G'是基于'从源头确保核安全'的基本理念,具备亲近性、灵活性、智能性等技术特征,可满足未来能源多元共生应用需求的第五代核能系统"②。

第四代核裂变反应堆以及正在新研发的第五代智能核裂变反应堆已经突破核泄漏、核辐射、核污染问题的临界点,迎来大规模利用核裂变能源的可靠期和安全期,为解决我国能源问题增添了一条有效途径。因而本书认为,第四代核裂变反应堆尤其是钍基熔盐核反应堆,以及正在新研发的第五代智能核裂变反应堆,完全可以被列入第四次科技革命范畴。第四代、第五代核裂变反应堆将会给中国能源领域带来巨大的新质生产力。

三、可控核聚变技术对能源困境的破解作用

可控核聚变技术的研究已获得了较大的进展,展现出可应用的前景。与核裂变相比,核聚变反应的原材料在地球上极其丰富,且清洁无污染。所谓核聚变,是将两个氢的同位素

---

① 苏更林:《钍基熔盐堆——低调的中国"黑科技"》,《百科知识》2022年第19期。
② 吴宜灿、李亚洲、金鸣等《第五代核能系统概念及其特征》,《核科学与工程》2021年第2期。

氘或氚聚合成一个更重的氦元素,释放出大量能量的过程。这个过程的基本原理与太阳的核反应机理相类似,故而拥有这种核反应的装置被称为"人造太阳"。人类如果能够制造出一个可以控制的"人造太阳",把核聚变控制在安全范围内,利用"人造太阳"在核聚变过程中产生的热能,通过热交换回路系统加热液态水,使得液态水转变成水蒸气,再利用水蒸气产生的动能发电,简单地说,就是利用核裂变产生的热能来"烧开水发电",那么,人类的能源问题可望得到终极的解决。

目前,可控核聚变主要分为"惯性约束"和"磁性约束"两类技术路线。美国劳伦斯·利弗莫尔国家实验室采用的是"惯性约束"技术路线,修建了"国家点火装置"(National Ignition Facility,NIF);中国采用的则是"磁性约束"技术路线,在安徽合肥科学岛上修建了"全超导托卡马克核聚变实验装置"(Experimental Advanced Superconducting Tokamak,EAST)装置,被称为"东方超环"。[①] 这两个核聚变实验装置是目前世界上最先进的可控核聚变实验装置。

美国劳伦斯·利弗莫尔国家实验室国家点火装置 NIF 采用 192 束激光冲击胡椒大小的氢同位素固体目标,2022—2023 年先后 4 次点火试验,4 次点火试验的结果是聚变输出能量大于激光输入能量,核聚变能量增益达到 153%,实现了净能量增益。

---

① 安徽合肥科学岛上的"东方超环",4 层楼高,直径 8 米,重 400 吨,被称为中国"人造太阳",是全超导托卡马克核聚变实验装置(EAST)。

我国的"磁性约束"技术路线与美国劳伦斯·利弗莫尔国家实验室国家点火装置"惯性约束"技术路线相比,在技术应用方面更为成熟,在装置运行方面持续性更强,能量输出更稳定,适合修建大型核聚变发电厂。

2023 年 4 月 12 日,位于合肥的世界首个全超导托卡马克[①]核聚变实验装置(EAST)在第 122254 次实验中成功实现了 403 秒稳态长脉冲高约束模式等离子体运行,创造了托卡马克装置高约束模式运行新的世界纪录。位于法国南部圣保罗—莱迪朗斯镇的国际热核聚变实验堆(ITER)原计划 2030 年后正式运行,其目标之一就是 500 兆瓦聚变功率,在高约束模式下维持时间超过 400 秒。"东方超环"等离子体稳态运行 403 秒,在时间节点上比国际热核聚变实验堆的预期提前了 7 年。[②]

核聚变的主要元素是重氢,即氘。氘,是氢的同位素,以重水 D_2O(氧化氘)形式存在于海水或淡水之中,一升海水中大约含有 0.03 克氘,在理论上,0.03 克氘通过核聚变能产生相当于 300 升汽油的热能。地球表面 71% 的面积是海洋,海洋中的氘含量可达亿亿吨,氘的提取方法比较简便,成本也比较低,现有的提取技术已经相当成熟,能够实现对氘的大规模

---

① 托卡马克,俄文为 Tokamak,由"环形""真空""磁""线圈"几个词组合而成,意思是:可控核聚变装置。托卡马克可控核聚变装置,依靠等离子体电流和环形线圈产生的强磁场,将极高温等离子体状态的聚变物质约束在环形容器里,产生聚变反应。

② 吴长锋:《403 秒!中国"人造太阳"获重大突破》,《科技日报》2023 年 4 月 14 日。

工业提取,这使氚成为几乎无限充足的聚变燃料。[①]

可控核聚变被形象地比喻为"人造太阳"(采用太阳的核聚变方式),采用核聚变反应,其产物仅为惰性气体氦,无毒无害,能够生产出无限的清洁能源;核聚变运行过程中可即关即停,极少产生放射性废物或不可控的负面结果;核聚变反应所需元素广泛地存在于地球上最不缺乏的海水之中,原料容易获取、资源无限;核聚变能源清洁高效、无碳排放,有利于碳达峰、碳中和"双碳"目标的实现。从理论上看,可控核聚变发电若能取得成功,将会给人类提供充沛的、廉价的、优质的、无污染的能源,人类的能源困局因之而得到破解,人类可由此走上能源永续和自由的光明大道。

可控核聚变发电,需要经过实验堆、示范堆、商用堆三个步骤,目前尚处于第一个阶段,即实验堆阶段。可控核聚变是人类在能源领域最前沿的探索,随着超导技术的进步、先进计算机的运用以及对其他领域的技术突破,更高效、更可靠的核聚变装置有可能诞生,但可控核聚变从实验室走向真正商用和通用,还有相当远的距离。核聚变专家认为,要把可控核聚变推向商用和通用,时间节点在 2050 年左右,也就是说还需要 26 年左右的时间。所以,全国政协委员、中核集团核聚变领域首席专家段旭如 2024 年 3 月全国两会期间在回答《中国电力报》记者采访时说:"预计再经过 20 到 30 年的时间,人造

---

① 全球范围内重水(D$_2$O)厂商主要包括 Qatran Complex、deutraMed Inc、Mesbah Energy、Isowater、Heavy Water Board 等公司,主要在加拿大和印度,每个公司年产重水在数百吨以上,甚至可达千吨规模。

太阳将为人类提供清洁、高效、安全的新型能源。"[1]

能源是人类的原动力之所在,实现了能源自由,人类就有可能从贫穷、污染、战争中彻底解放出来,因而第四次科技革命中的第四代、第五代核裂变发电技术与可控核聚变发电技术是打开人类奔向彻底自由与解放大门的金钥匙。

第七节　量子通信、量子计算机与 未来新质生产力

一、第二次量子革命

作为新质生产力中未来产业的重要组成部分,量子技术已成为前沿科技竞争的焦点。安徽全力打造量子科技、产业"双高地",前瞻布局量子产业,一系列面向量子产业的新成果、新动能不断涌现。"第二次量子革命",指量子信息技术以量子力学原理为基础,发展出量子通信、量子计算和量子精密测量"三驾马车"飞驰前进。

自 20 世纪 30 年代以来,量子力学理论在许多科学领域得到实验证实,催生了原子弹、原子钟、核磁共振、太阳能电池、全球卫星定位系统等一系列重大科技发明,引发了第一次

---

① 白宇:《"人造太阳"进入宝贵战略机遇期》,《中国电力报(全国两会特刊)》2024 年 3 月 13 日。

量子革命。21 世纪以来，以量子通信和量子计算为代表的量子信息技术开始引发第二次量子革命，人类迎来了第二次量子革命的新时代。[①] 这一革命是在量子力学原理的基础上，通过实验技术的进步，实现对微观体系量子态的精确检测与调控，从而推动社会发展的本质变化。与第一次量子革命相比，第二次量子革命将人类从经典技术引向量子技术新时代，其性能突破了经典技术的物理极限，为人类开拓了基于量子力学的量子技术。这次革命的兴起，标志着量子科技已成为世界主要科技强国布局的重点，包括美国、欧盟国家、日本、韩国、印度等在内的国家和地区都在积极布局和发展量子科技。

第一次量子革命是对量子的观测与应用，第二次量子革命是对量子的调控和操纵。中国科学院院士潘建伟在 2020 年新年科学演讲中指出："科学家在对量子纠缠这一诡异的互动展开大量实验研究的过程中，发展出精细的量子调控技术，而结合量子调控和信息技术，人类迎来了以量子信息技术为代表的第二次量子革命，从对量子规律被动的观测和应用变成了对量子状态的主动调控和操纵。这一飞跃，正如人类对生物学的认识，从孟德尔遗传定律跨越到 DNA 基因工程。"[②]

---

① 李宏芳：《量子信息技术引爆第二次量子革命了吗?》，《天津社会科学》2013 年第 4 期。

② 胡定坤：《潘建伟揭示量子计算发展三阶段》，《科技日报》2020 年 1 月 15 日。

二、美西方国家高度重视和加紧布局第二次量子革命

量子科技是目前全球最重要的科技领域之一,许多国家已经把量子科技上升到国家战略的高度。世界各国在量子科技领域不断加大投入,从科学研究到人才培养,再到技术应用领域的供应链产业链,都在争先恐后加紧布局和抢占先机。2015 年 3 月,英国政府发布了名为《量子技术国家战略——英国的一个新时代》的报告,将量子技术发展提升至影响未来英国创新力和国际竞争力的战略地位,其后组建了由 17 所大学、132 家公司、4 个"量子技术枢纽"组成的国家量子技术研究中心,确立了科技攻关、产业化应用、人才培养、适配的社会环境、国际合作五个工作重点。[1] 2016 年 3 月,欧盟委员会发布了来自欧洲科学界和产业界的超过 3500 个利益相关方联合发布的《量子宣言(草案)》,发起资助额达 10 亿欧元的量子旗舰计划,用于量子通信、量子计算、量子模拟、量子计量和量子传感五大领域的量子科技研究。[2] 2018 年 9 月,德国联邦教研部提出《量子技术——从基础到市场》的框架计划,制定了量子技术发展的整体战略,着力于推动量子技术的研究和应用;2021 年,德国制定了《量子计算路线

---

[1]　王传胜:《英国发布量子技术国家战略抢占全球领先地位》,《防务视点》2015 年第 8 期。

[2]　宋海刚:《欧盟量子技术旗舰计划的部署及组织管理研究》,《全球科技经济瞭望》2017 年第 Z1 期(第 1—12 期合刊);李兴洪:《欧盟投入 10 亿欧元执行量子技术旗舰计划》,《现代军事》2016 年第 8 期。

图》，启动了慕尼黑量子谷研究集群计划。① 2009 年，日本开始确立量子科技研究项目，成立了量子计算研究与应用中心，2020 年 1 月，日本内阁制定了《量子技术创新战略》，发展量子人工智能技术、量子生物技术、量子安全技术三大量子融合创新技术，并制定五项发展战略。② 2021 年 1 月，法国总统马克龙在巴黎—萨克雷大学纳米科学和纳米技术中心发表演讲，宣布启动法国量子技术国家战略，并计划于 5 年内在量子领域投资 18 亿欧元。③ 2018 年 12 月，美国发布《国家量子倡议法案》，计划此后 5 年在量子技术的标准制定、技术应用、人才培养等方面投资 12 亿美元；2020 年 2 月，美国白宫国家量子协调办公室发布《美国量子网络战略愿景》，决定在美国构建量子互联网；2022 年 5 月，美国白宫发布《关于促进美国在量子计算领域的领导地位，同时降低易受攻击的密码系统风险的国家安全备忘录》，在量子计算、量子通信和量子测量三个领域加强科研力量和加大资金投入。④

三、第二次量子革命给中国带来的历史机遇

"小量子"创造大产业、造就大未来已经露出端倪，并获

---

① 邹丽雪：《德国量子技术战略研究及启示》，《中国科技信息》2022 年第 15 期。

② 邹丽雪、刘艳丽：《日本量子技术科技战略研究》，《全球科技经济瞭望》2022 年第 5 期。

③ 佚名：《法国启动量子技术国家战略》，《中国计量》2021 年第 4 期。

④ 周君璧、董瑜：《美国量子研发布局对我国的启示》，《世界科技研究与发展》2023 年第 6 期；侯娜、马瑞、杨翠翠：《美国量子技术研发：相关政策与国防预算》，《国防科技》2023 年第 6 期；谷峻战、王滨勇：《美国联邦政府推动量子信息科技的政策和布局》，《全球科技经济瞭望》2022 年第 5 期；孙海泳：《美国量子战略对中美在科技领域竞争与合作的影响》，《信息安全与通信保密》2019 年第 9 期。

得共识。江苏省无锡量子感知研究所副所长冯泽东研究员说:"量子科技被公认为可能对各行业各领域带来颠覆性影响。"①

量子革命给中国科技发展带来了重大的历史机遇,正如中国科学院院士薛其坤所言:"第二次量子革命是我国几百年来第一次有能力有基础全面介入和参与的一次技术革命,是中华民族在伟大复兴进程中的一次重大机遇。"②

党中央一直高度重视第二次量子革命,积极提早谋篇布局。2020年10月,中共中央政治局就量子科技研究和应用前景举行第二十四次集体学习,进一步加强量子科技发展战略谋划和系统布局。习近平总书记在会议上说:"量子力学是人类探究微观世界的重大成果。量子科技发展具有重大科学意义和战略价值,是一项对传统技术体系产生冲击、进行重构的重大颠覆性技术创新,将引领新一轮科技革命和产业变革方向。我国科技工作者在量子科技上奋起直追,取得一批具有国际影响力的重大创新成果。"③习近平总书记还强调,要"加强顶层设计和前瞻布局""健全政策支持体系""加快培养一批量子科技领域的高精尖人才,建立适应量子科技发展的专门培养计划"。④

---

① 魏琳:《走出实验室,"小量子"期待大未来》,《新华日报》2024年5月3日。
② 徐立京:《量子科技革命是重大历史机遇——对话中国科学院院士、南方科技大学校长薛其坤》,《经济日报》2021年1月17日。
③ 《习近平在中央政治局第二十四次集体学习时强调　深刻认识推进量子科技发展重大意义　加强量子科技发展战略谋划和系统布局》,《人民日报》2020年10月18日。
④ 《习近平在中央政治局第二十四次集体学习时强调　深刻认识推进量子科技发展重大意义　加强量子科技发展战略谋划和系统布局》,《人民日报》2020年10月18日。

在党中央强有力的领导下,中国的量子科技发展迅速,其中安徽合肥的量子科技发展起到了领头羊的作用,安徽省合肥市成为目前国内量子科技企业最密集、量子科技人才最集中的地方。中国的第一家量子计算公司、第一台可交付使用的量子计算机、第一套量子计算机操作系统、第一条量子芯片生产线均诞生于合肥。合肥高新区集聚了本源量子、国盛量子、国盾量子、国仪量子、问天量子等20多家量子科技公司,初步形成了较为完整的量子技术产业链、供应链。

第二次量子革命不仅是科技领域的重大进步,还是经济社会发展的重要驱动力。量子信息技术的发展,如量子计算、量子通信等,为解决能源、环境、信息安全等问题提供了新的解决方案,展现了巨大的应用潜力。中国在这一领域的发展,不仅提升了国家的科技实力,也为经济发展和国际竞争力提供了新的增长点。

中国在第二次量子革命中的参与和投入,体现在多个方面:

科技资源布局:中国在量子科技领域进行了大量的研究和开发,尤其在量子通信领域取得了显著成就,如发射全球第一颗量子通信卫星,确立了在国际量子通信研究中的领跑地位。

国家层面的规划:中国政府在量子科技领域制定了中长期发展规划,通过国家实验室和国家重大科研专项的设立,集中力量进行重大项目的研发,以期在关键技术上取得突破。

人才培养和科学研究:中国重视量子科技领域的人才培

养和科学研究,通过建立国家实验室和科研基地,吸引和培养了一大批优秀的科学家和研究人员。

国际合作与竞争:面对国际上的量子革命热潮,中国积极参与国际竞争,与世界各国在量子科技领域展开合作与交流,同时也在全球范围内争夺科技制高点。

科普教育:通过科普教育和科学普及活动,提高公众对量子科技的认识和理解,培养科学兴趣和创新能力。

综上所述,第二次量子革命为中国提供了在科技领域实现跨越式发展的历史性机遇。通过积极参与国际竞争、加强科技创新和人才培养,以及提升科普教育,中国有望在这一领域取得重大突破,进一步提升国家的综合实力和国际竞争力。

四、量子通信与未来新质生产力

第二次量子革命主要集中在量子通信和量子计算机两个领域,这两个领域的技术突破,将会带来颠覆性的、革命性的新质生产力。

由于量子具有测不准、不可克隆、不可分割等特性,利用量子进行保密通信,在物理原理上是绝对安全、不可破解的,这就使量子通信在信息安全和信息保密方面具有得天独厚的天然优势,可以做到信息绝对安全和信息绝对保密。其关键环节就是在进行密钥分发和传输的过程中利用量子纠缠原理建立共享密钥,做到信息不可篡改、不可窃听、不可盗取,以此实现量子通信的高安全可靠性。[①]

目前中国在量子通信领域一骑绝尘，走在世界最前列。

在地面量子通信方面，2017年8月中国建成了世界上第一条量子通信保密干线"京沪干线"。"京沪干线"连接北京、上海、济南、合肥，全长2000余千米，并通过北京接入点与"墨子号"量子通信卫星相连接。"京沪干线"可满足上万用户密钥分发业务需求。"京沪干线"已经具有天地一体化广域量子通信网络的雏形，为实现覆盖全球的量子保密通信网络迈出了可贵的第一步。[②]"京沪干线"表明，量子通信在国家政务、军事国防、金融系统、电子信息等诸多领域具有广泛的应用前景，有利于构建我国量子通信产业链和下一代国家主权信息安全生态系统，为构建基于量子通信安全保障的量子互联网打下了初步的基础。

在高空量子通信方面，2016年8月16日中国发射了全球首颗空间量子科学实验卫星——"墨子号"量子通信卫星。2017年9月29日中国科学院和奥地利科学院之间联合进行洲际量子通信和密钥分发实验，"墨子号"量子通信卫星分别与河北兴隆、奥地利格拉茨地面站进行了星地量子密钥分发，以卫星作为中继，建立了兴隆地面站与格拉茨地面站之间的共享密钥，两国之间成功进行了加密量子通信视频会议，视频会议持续了75分钟，总数据传输量为2GB，量子通信间距为

---

① 周琳、徐海涛、董瑞丰：《量子革命：开启未来科技》，《经济参考报》2017年10月21日。

② 吴月辉：《我国开通全球首条量子通信干线》，《人民日报》2017年9月30日。

7600 千米,由此表明"墨子号"量子通信卫星与全球范围内不同国家进行量子通信具有可行性与普适性,从而表明在未来构建全球范围量子卫星通信网是行得通的。[1] 2022 年 5 月,"墨子号"量子科学实验卫星首次实现了地球上相距 1200 千米两个地面站之间的量子态远程传输,向构建全球化量子信息处理和量子通信网络迈出了重要一步。[2]

五、量子计算机与未来新质生产力

电子计算机采用"0"或"1"电子比特进行简单的二进制运行计算,只经过 60 年的进化,运算速度就增加了 220 万亿倍。量子计算机利用量子叠加和量子纠缠,其量子比特不仅可以表示"0"或"1"两个状态,而且同时还能表示两个值任意叠加态。这意味着在量子计算机系统里 1 个量子比特对应一个 2 维空间,N 个量子比特对应的则是 2 的 N 次方维空间,这使量子计算机具备极强的并行计算能力,犹如孙悟空的"分身术",一个量子比特在是"0"的时候又同时是"1",在"1"的时候又同时是"0",无数个"0"和"1"并行计算,就会让一台量子计算机演变成无数台量子计算机,计算速度和计算效率实现了指数级增长。

在强大算力的量子计算机面前,现有的最快超级计算机,

---

① 中国科学院:《墨子号量子卫星实现洲际量子密钥分发》,《空间科学学报》2018 年第 3 期;新华社:《中国"墨子号"实现 1200 千米地表量子态传输新纪录》,《新华日报》2022 年 5 月 7 日。

② 吴长锋:《"墨子号"实现 1200 公里地面站之间的量子态远程传输》,《科技日报》2022 年 5 月 9 日。

显得非常低端和笨拙。量子计算机这种强大的运算能力使以前电子计算机无法完成的繁重计算任务变得可以在短时间内快速完成。量子计算机是对电子计算机的一次飞跃性革命，使计算机由"高速计算"升级为"超高速计算"。用传统的电子计算机需要花费上百万年才能够破解的密码程序，使用量子计算机瞬间可以完成密码程序的解密；电子计算机需几十亿年才能破译的密码，量子计算机在20分钟之内就可以轻松破译。

人脸识别技术需要巨量的信息处理和计算，随着人脸识别在公共安全领域的广泛应用，快速处理人脸识别数据，成为计算机一大繁重的信息处理工作，传统的电子计算机几乎难以胜任，但量子计算机以其超高运算速度可以在瞬间识别60亿人次的人脸图片，快速地准确辨别人脸，从而准确识别每一个人的身份信息。量子计算机所独具的这种超高运算速度，使量子计算技术成为全球最有前景的前沿科技之一，量子计算机被视为具有重要战略价值的国之重器，被喻为"信息时代原子弹"。美国联邦政府对量子计算机的研制予以高度重视，曾把量子计算机的研制视为"微曼哈顿计划"，与第二次世界大战中研制原子弹的"曼哈顿计划"相提并论。目前，全球共有100多家量子计算机公司，正在投入巨大的人力、物力进行量子计算机的研制工作，进展速度比较快，有望在10—30年内走向商用和通用。

研制量子计算机，有不同的技术路径。现阶段我国在量子计算机研制方面有超导量子计算机和光量子计算原型机两条技术路径,这两条技术路径都获得了可喜的进展。

在超导量子计算机研制方面,本源量子计算科技(合肥)有限责任公司研制了"悟源"24 比特超导量子计算机,已于2021 年整机交付,并于 2022 年 1 月建立了国内首条量子芯片生产线。2024 年 1 月 6 日,本源量子计算科技(合肥)有限责任公司研制的中国第三代自主超导量子计算机"本源悟空"上线运行。[1] "本源悟空"量子计算机的成功交付使我国成为世界上极少数具备量子计算机整机交付能力的国家,有利于巩固我国在国际量子计算科学领域的领先地位。截至 2024年 1 月 15 日,"本源悟空"量子计算机为全球用户成功完成了 33871 个运算任务,美国、保加利亚、新加坡、日本、俄罗斯、加拿大 6 个国家远程访问"本源悟空",访问人次突破了 35万次,其中美国的用户访问次数最多,居境外访问第一位。"本源悟空"已经在运算实战中崭露头角,让世人刮目相看。[2]

在光量子计算原型机研制方面,2020 年 12 月,中国科学技术大学潘建伟量子团队构建了 76 个光子的量子计算原型机"九章",使中国成为继美国谷歌"悬铃木"之后全球第二个实现量子优越性的国家。2021 年 10 月,潘建伟量子团队成功研制了 113 个光子的"九章二号"。2023 年 10 月,潘建伟量子研究团队同中国科学院上海微系统与信息技术研究所、国家并行计算机工程技术研究中心联合攻关,成功研制了

---

[1]　吴长锋:《我国第三代自主超导量子计算机"本源悟空"上线运行》,《科技日报》2024 年 1 月 8 日。

[2]　吴长锋:《量子计算机"本源悟空"完成超 3 万个运算任务》,《科技日报》2024 年 1月 16 日。

255个光子的量子计算原型机"九章三号"。"九章三号"处理高斯玻色取样的速度比"九章二号"提升100万倍,1微秒算力等于全球最快的超级计算机200亿年,比全球最快的超级计算机快1亿亿倍[①],再度刷新了量子计算优越性的世界纪录,进一步巩固了我国在光量子计算领域的国际领先地位。"九章三号"的成功进一步加强了量子调控技术,为通用量子计算机的研制提供了一定的技术积累。

通用量子计算机的诞生将会极大地满足现代社会处理海量信息的技术需求,对重大科技研究十分有利,在国防军事和信息安全等领域可以发挥关键性作用。一旦通用量子计算机诞生,将会在人工智能、药物设计、智慧交通、天气预测、太空探索、基因工程、加密通信等许多领域有着广阔的应用前景。其中,在新材料开发、药物合成方面具有天然优势,被业界普遍看好。

未来量子计算机能够为我国经济发展带来巨大的新质生产力,这一点已经被第三代自主超导量子计算机"本源悟空"上线运行的效果得到证实。中国科学院量子信息重点实验室的半导体量子点量子芯片研究方向带头人郭国平教授对量子计算机带来的新质生产力有一段很好的评价,他说:"国产量子计算机是'孕育'新质生产力的新工具,将带来大批量以量子科技为核心的新人才,将赋能各行业焕发新生机。在量子计算产业中,新质生产力表现为能够更好地利用量子计算技

---

① 钱童心:《"九章三号"发布,量子计算机更进一步》,《第一财经日报》2023年10月12日。

术,实现对传统计算和各个行业领域应用的突破,从而提高生产效率、创造价值和推动经济发展。"①

量子计算机被视为未来 100 年内最重要的计算机技术,也被视为第四次科技革命的重要引擎。以量子计算技术为代表的量子技术,是中国在全球科技产业中"开辟新领域、制胜新赛道"的一项重要核心技术,是培育和形成中国新质生产力的一大利器。

2023 年 8 月 19 日至 20 日,第二届中国计算机学会量子计算大会在安徽合肥召开,中国科学院院士郭光灿在大会开幕式上表示:"迅速地研发出可以直接应用的国产量子计算机,并在国民经济各个领域发挥量子计算优势的作用,是我们这一代人义不容辞的历史使命。"《人民日报》2023 年 9 月 1 日发表的《量子算力跃升　实现巨大跨越》一文明确肯定:"我国量子计算科技已经实现了从跟跑、并跑到部分领跑的飞跃,量子计算研究牢固确立国际第一方阵地位,并成为唯一在超导和光量子方向上都达到'量子优越性'的国家。"②

通信、数字、材料、核能、量子这五个领域的科技革命都具有突破性、颠覆性、革命性,本书将之视为第四次科技革命范畴,至于光伏与储能技术、特高压输电技术(中国的独门绝技)、锂电池、钠电池、神经元芯片、脑机融合等新科技,也具有颠覆性、革命性,但可视为第三次科技革命的深化和继续,其所影响的范围也不够宽泛,因而没有被本书划入第四次科

① 郭国平:《国产量子计算机如何"孕育"新质生产力》,《团结》2024 年第 1 期。
② 徐靖:《量子算力跃升　实现巨大跨越》,《人民日报》2023 年 9 月 1 日。

技革命范畴。

中国科学技术大学潘建伟院士认为，人工智能是一种软件技术，量子计算是硬件技术，人工智能和量子计算结合在一起，有可能借助量子计算机创造出一个非生物体的"小孩"，即创造出新的"硅基生物"。若此，潘建伟院士认为，"从某种意义上来讲，这个'小孩'可能比我们更聪明，甚至可以超越人类的智慧"[1]。

人类已经完整地经历了三次科技革命以及由三次科技革命带来的三次工业革命，每一次科技革命带来的新质生产力都至少上了一个新台阶，增长至少一个数量级。

---

[1]　胡定坤:《潘建伟揭示量子计算发展三阶段》,《科技日报》2020 年 1 月 15 日。

第五章 第四次科技革命对发展新质生产力的重要性及意义

新质生产力主要指的是两个方面的生产力:一是第三次科技革命后期如基因编辑、光子芯片、神经芯片、特高压、光伏等新质技术带来的新质生产力;二是第四次科技革命正在产生的新质技术带来的新质生产力。也就是说,第四次科技革命对培育和形成未来新质生产力具有重大意义。

本书认为,从宏观上、总体上看,主要有四个方面的理由:(1)第四次科技革命对未来新质生产力具有决定性作用;(2)第四次科技革命是大国博弈的战略高地;(3)中华民族伟大复兴是基于第四次科技革命的高维复兴;(4)第四次科技革命是构建人类命运共同体的必由之路。

第一节　第四次科技革命对未来新质生产力具有决定性作用

第四次科技革命对培育和形成未来新质生产力具有决定性作用,主要表现在四个方面:

一是第四次科技革命多点爆发、多领域颠覆,对未来新质生产力具有广度上的决定性作用。第一次科技革命的蒸汽机、第二次科技革命的电动机和内燃机都是动力领域里的科技革命,第三次科技革命的计算机、互联网是信息领域里的科技革命,这三次科技革命爆发点比较单一,只在个别领域获得颠覆性、革命性突破。第四次科技革命在通信、数字、材料、核能、量子五个领域都有可能爆发,都有可能产生颠覆性的、革命性的"高、精、尖"新质技术,为中国乃至全球产生多领域的新质生产力,深刻地改变人类的社会形态和社会面貌。

二是第四次科技革命解放人类体力与脑力,对未来新质生产力具有高度上的决定性作用。前三次科技革命都是人类体力的延展,解放的是人类体力,第四次科技革命是人类脑力的延展,解放的是人类的脑力。通过计算机科学、人工智能、控制学、材料学等学科综合集成的机器人,已发展到第三代,即"智能机器人"阶段,2022 年全球机器人已经达到 390 万台,"全球平均机器人密度达到每万人 151 台",工业发达国家的机器人产量和产值均以每年 20%—30% 的速度持续增长。机器人广阔的发展前景预示着人类不仅可以通过机器人从繁重的、重复性的体力劳动中解放出来,而且可以把人类从单个的、创造性的脑力劳动中解放出来。智力和自我意识不仅是人体中最高级的物质形态,也是目前已知宇宙中最高级的物质形态,人工智能的开启,预示着人类可以制造出具有智力的生产工具[①],使人类的生产工具进化到最高级形态,必然创造出巨大的新质生产力。

三是第四次科技革命创生出一个数字空间和数字宇宙,对未来新质生产力具有深度上的决定性作用。元宇宙、人工智能、云计算、大数据等都属于数字空间和数字维度里的新技术,人类以往的生产、生活都在三维空间中进行,科学技术受到三维空间里的时空限制,只能维持在一定程度的数量级上和质量级上。第四次科技革命产生了一个新空间和新维度——数字空间和数字维度,使人类的科学技术和生产生活增加了一个新空间和新维度,把人类的科学技术和生产生活由以往的三维空间升级到四维空间,提升了一个数量级和质量级,由此带来的新质生产力将是巨大无比的,对人类生产生活的改变和重塑将是深刻的、空前的。

四是第四次科技革命已经达到宇宙层级,对未来新质生产力具有终极意义。1946 年 2 月,世界上第一台电子计算机

---

① 在未来超级人工智能出现以后人工智能有可能自身进化出"机器人意识",产生一种"硅基生命",推动宇宙进入"碳基生命"(人类和各种动植物)与"硅基生命"(具有自我意识的人工智能机器人)共存阶段。

埃尼阿克（ENIAC）①用了 18000 个电子管,占地 170 平方米,重达 30 吨,耗电功率约 150 千瓦,每秒钟只能进行 5000 次浮点运算。到了 2022 年 5 月,国际超算组织宣布,位于美国橡树岭国家实验室的超级计算机"前沿"（Frontier）在 2022 年国际超算 TOP500 榜单中拔得头筹,位列第一,成为当今世界上运行速度最快的超级计算机,算力高达每秒 1.1 百亿亿次,是目前国际上首台每秒达到百亿亿次浮点运算的超级计算机。② 美国超级计算机"前沿"的运算速度与世界上第一台电子计算机埃尼阿克（ENIAC）的运算速度相比,增加了 220 万亿倍。

虽然电子计算机只经过不到 80 年的发展就把速度提高了 220 万亿倍,可以制作出超级计算机,但正如前面所论述的,超级电子计算机在量子计算机面前如同算盘在电子计算机面前一样,显得很低级、很低端。美国超级计算机前沿（Frontier）运算能力尽管达到每秒 1.1 百亿亿次浮点运算,但在中国"九章三号"光量子计算原型机面前亦显得"小儿科"。中国"九章三号"光量子计算原型机求解特定问题的速度比美国超级计算机"前沿"（Frontier）快 1 亿亿倍。

在量子计算机极快运算速度的加持下,人工智能有望赋予机器人超强自主学习能力,拥有极快的智力进化速度,其智

---

① 世界上第一台电子计算机的名字叫埃尼阿克（ENIAC）,"ENIAC"是"Electronic Numerical Integrator And Computer"第一个字母的合写,意思是电子数字积分计算机。

② 唐琳:《世界首台百亿亿次超级计算机打破速度纪录》,《科学新闻》2023 年第 1 期;刘霞:《首台 E 级超算"前沿"问鼎 Top500》,《科技日报》2022 年 6 月 2 日。

力进化速度将会呈现出指数增长态势,其所拥有的算力和智力将会远远超过宇宙中智力最高的人类,尤其是其算力将会达到最高层级,即宇宙层级。可控核聚变发电将会使人类能源异常充沛,取之不尽、用之不竭,人类在能源领域也进入到宇宙层级,人类能源的拥有和使用将会由必然王国进入自由王国。因此,第四次科技革命所蕴含的动能将会达到宇宙层级,对解决人类面临的各种困境具有重要意义。

邓小平同志曾经指出:"特别是由于电子计算机、控制论和自动化技术的发展,正在迅速提高生产自动化的程度。同样数量的劳动力,在同样的劳动时间里,可以生产出比过去多几十倍几百倍的产品。社会生产力有这样巨大的发展,劳动生产率有这样大幅度的提高,靠的是什么? 最主要的是靠科学的力量、技术的力量。'[1]邓小平同志所说的"电子计算机、控制论和自动化技术"是第三次科技革命产生的新技术。相较于第三次科技革命,第四次科技革命带来的新质技术更具有颠覆性、革命性,更具有高维层级,因而更能够带来"几十倍几百倍"的产品生产能力,更能够带来社会生产力迭代式的大跃升。

第二节　第四次科技革命是大国博弈的战略高地

当前人类经历的第四次科技革命不只是一场"地缘政

---

[1] 《邓小平文选》第二卷,人民出版社 1994 年版,第 87 页。

治"或"地缘经济"的调整,更涉及源于"地缘技术"更替而出现的"地缘文明"的演进。谁能率先取得科技创新的前沿突破,谁就有可能抢占未来经济发展的先机。

近现代大国兴衰史,本质就是大国能否抓住科技浪潮并带动国家产业发展、国力提升的历史。英国抓住了18世纪机械化革命的历史机遇,成就了"日不落帝国"的伟业。美国则抓住了19世纪电力化和20世纪信息化的浪潮,为其长达100余年的全球第一经济体和第二次世界大战后的霸权地位奠定了厚实基础。白热化的全球科技竞争背后,反映了各国决策者对科技创新与大国崛起之间线性关系的深刻认知。

从科技变革与经济发展的历史周期看,当前正处于第三次科技革命末端产生的"萧条"状况向第四次科技革命前端所萌生的"复苏"状况过渡的特殊时期。按照康德拉季耶夫长波理论50—60年周期性波动的经济特征,即经济会伴随科技变革呈现"复苏—繁荣—衰退—萧条"的周期变化,上一波技术创新对当前经济的影响大体可分为复苏期、繁荣期、衰退期、萧条期。当前,全球"互联网+"浪潮消退、资产价格全面回落、房地产不振,加之疫情对全球经贸正常运行的冲击,全球经济增长面临自第二次世界大战以来最低迷的时刻。

2017年12月,《美国国家安全战略》将中国确定为战略竞争者,并陆续采取措施对中国进行全方位施压,美国对中国战略竞争中的核心领域是人工智能和第五代移动通信技术

（5G）开启的通信技术，美国对华为、中兴等中国高科技企业发起了一系列调查和制裁行动，把 2000 多个中国高科技企业列为受制裁名单，企图全面削弱和阻遏中国企业在第四次科技革命中的技术优势及未来发展。

美国懂得"科技为王"的道理，懂得其科技霸权是其美元霸权、军事霸权、文化霸权的魂魄和基石，因此 2018 年美国政府对华发动"科技战"，在科技领域奉行"小院高墙"和"脱钩断链"政策。美国对华科技战瞄准的就是第四次科技革命，美国全力打压华为 5G，并率领盟国企图越过 5G 直奔 6G，全力支持马斯克"星链"计划，就是由于 5G、6G 属于第四次科技革命范畴，对美国以往的 4G 通信技术具有颠覆性意义，可以直接废掉美国在通信领域里的通信霸权。美国人工智能公司 OpenAI 发布的生成式人工智能大模型 ChatGPT 和 Sora，起初都禁止中国使用，不给中国用户提供网络端口，把中国排除在用户之外。

在 6G 研究布局上，美国联邦通信委员会早在 2019 年就在全球率先宣布开放 95 吉赫兹—3 太赫兹频段作为 6G 实验频谱。美国联邦通信委员会还积极协调频谱资源，为马斯克"星链"网络提供大力支持，马斯克"星链"已初步形成近乎覆盖全球的空天网络体系。在美国国防部支持下建立了太赫兹与感知融合技术研究中心，开展新一代无线传输技术研究。①

---

① 霍宏伟：《欧美 6G 技术研发部署及启示》，《全球科技经济瞭望》2023 年第 5 期。

2021 年 12 月,美国联邦政府通过《未来网络法案》,要求美国联邦通信委员会建立 6G 工作组,6G 工作组由政府、通信设备商、运营商等组成,负责向美国国会提交 6G 研究报告。2023 年 4 月,美国联邦政府召集学术界、工业界、社会组织、政府部门、参众两院等代表在白宫召开 6G 会议,研究确保美国 6G 在全球领先地位的策略和措施。[①]

2024 年 2 月 26 日,巴塞罗那世界移动通信大会上,美国牵头 6G 十国联盟,把中国排除在外,随后又由英伟达牵头 AI-RAN 联盟,把中国华为排除在外。[②]

2023 年 8 月 9 日,美国前总统拜登签署关于科技投资的行政令,在包括半导体、量子计算和人工智能在内的所谓敏感高科技领域,限制美国对中国投资与交易。这再次加重了美国近年来对中国高科技打压和封锁的"冷战"色彩。美国不惜对中国高科技采取"脱钩"的政策,折射的是 21 世纪第三个 10 年全球科技竞争的白热化水平。这场全球科技竞争以前所未有的激烈程度在地球各个角落蔓延,将决定着新一波企业红利的归属、新一批技术天才的问世、新一片区域发展的成败、新一轮大国竞争的输赢,甚至新一场文明演进的方向。与过去 300 多年的三次科技革命不同,面对第四次科技革命

---

① 杜刘通、徐晓燕、杜滢、魏克军、金弯弯:《全球 6G 技术产业发展态势》,《信息通信技术与政策》2023 年第 9 期。

② 全球 AI-RAN 联盟,其中的 AI 是 Artificial Intelligence(人工智能)的英文简写,RAN 是 Radio Access Network(无线接入网)的英文简写。AI-RAN 联盟(AI-RAN Alliance)在 2024 年 2 月 26 日西班牙巴塞罗那世界移动通信大会(MWC 2024)上成立。创始成员公司有英伟达、亚马逊、爱立信、微软、诺基亚、三星电子等世界著名高科技公司,中国华为公司、中兴公司被排除在外。

浪潮,各主要经济体都把科技变革视为维护国家安全的基础核心能力,并重新构建国家安全战略。美国尽全力打造科技领域的西方领先度与行为一致性,对非西方国家不惜采取"高科技冷战"的方式进行打压,正是基于科技决定国家安全的出发点。

中国不惧怕"高科技冷战",也有自信继续摆脱高科技"跟跑"角色,逐渐跻身进"并跑"甚至部分"领跑"行列。对此,需要分析第四次科技革命的演进逻辑,剖析美西方对中国科技打压的核心内容。只有认清全球科技革命与美西方科技战略的深度逻辑,才能有助于认清中国持续推行科技强国的重要意义。种种迹象表明,美国对华科技战的主战场是第四次科技革命所涉及的领域,美国企图通过赢得第四次科技革命继续保持其领先地位,以便获得对中国降维打击的高维优势,从而长久地巩固其单极霸权地位。第四次科技革命已经成为大国博弈的战略高地和战略重地,对美中双方的未来命运都具有决定性意义。既然美国已经把第四次科技革命当作战胜中国的战略高地和战略重地予以全力拼搏,中国也就别无选择,只能积极应战,效仿和奉陪美国。当然,避免被美西方全面科技压制,并不是一件容易的事情。中国只有不断深化制度创新、体制改革、人才激励、金融支撑等系统性变革,努力破局、重构新局、引领变局、复兴全局,才能真正担当全球科技竞争"领路者",并持续贡献于国家崛起与民族复兴。

第三节　第四次科技革命是实现中华
民族伟大复兴的加速引擎

第四次科技革命以其前所未有的深度和广度,正在全球范围内引发一场深刻的经济社会变革。

对中国而言,这场科技革命不仅为中国的现代化进程注入了新的动力,更在加速实现中华民族伟大复兴的进程中发挥了至关重要的作用。

首先,第四次科技革命为中国的经济发展提供了新的引擎,人工智能、大数据、云计算、物联网等新兴技术的快速发展,推动了中国经济的数字化转型和智能化升级。这不仅有助于提升传统产业的效率和质量,也催生了新产业、新业态和新模式的涌现,为中国经济的高质量发展提供了有力支撑。

其次,科技革命加速了中国的科技创新和人才培养。面对全球科技竞争的压力,中国加大了对科技创新的投入和支持力度,推动了科技创新能力的快速提升。同时,科技革命也促进了中国教育事业的发展,培养了大批具有创新精神和实践能力的人才,为国家的现代化建设提供了源源不断的智力支持。

再次,第四次科技革命促进了中国社会的全面进步。科技的快速发展改善了人们的生活质量,提升了社会的整体福利水平。智能化、信息化的生活方式也让人们的生活更加便捷、高效。此外，科技革命还推动了社会的治理创新，提高了政府的服务水平和管理效率，为社会的和谐稳定提供了有力保障。

最后，第四次科技革命也为中国在国际舞台上展现大国担当提供了机遇。中国积极参与全球科技合作与交流，推动构建人类命运共同体，展现了负责任大国的形象。通过与其他国家和地区的合作，中国不仅分享了科技革命的成果，也为全球科技创新和进步作出了重要贡献。

中华人民共和国成立 75 年以来取得的伟大成就之一是领导 14 亿多中国人民完成了工业化，把人类第一、二、三次科技革命的成果一并汲取、收入囊中，把后发劣势转化为后发优势，建立了全球唯一工业门类齐全的工业体系，拥有美国、日本、德国、英国四个发达国家制造业的总和，成为当之无愧的"世界工厂"。但是美国依然拥有科技优势、金融优势、军事优势和文化优势，主要是由于美国在高端制造业和第三次科技革命成果应用方面依然保持其领先地位。中华民族伟大复兴若只停留在第三次科技革命成果基础之上将很难实现对美国的追赶超越，很难颠覆美国已经拥有的科技优势、金融优势、军事优势和文化优势。

中华民族伟大复兴只有基于第四次科技革命，实现基于第四次科技革命的高维复兴，才能够彻底颠覆美国所拥有的科技优势，形成对美国实施降维打击的高维优势，从而颠覆美国所拥有的金融霸权和军事霸权，实现中华民族真正意义上的伟大复兴。因此,从中华民族伟大复兴角度看,必须把第四次科技革命作为发展新质生产力的主攻方向和战略高地。

第四节　第四次科技革命是构建人类命运共同体的必由之路

随着第四次科技革命的到来,大国之间的博弈更加严峻,我们必须清醒地认识到,人类命运共同体是现代人类文明的核心价值所在。构建人类命运共同体倡导建立平等相待、互商互谅的伙伴关系格局,建立公道正义、共建共享的安全格局,建立开放创新、包容互惠的发展格局,建立和而不同、兼收并蓄的文明交流格局,建立尊崇自然、绿色发展的生态格局,在伙伴关系、安全格局、发展前景、文明交流、生态体系方面形成“五位一体”的总体框架,明确了国与国之间平等相待、相互尊重的相处之道,指明各国团结协作是实现文明永续发展、世界可持续发展的必由之路。

科技进步是世界性、时代性的课题,唯有开放合作才是正道。中国在不同领域与众多国家及国际组织开展项目合作以及人员交流、经验分享,向世界展示了开放包容的姿态和携手应对全球性挑战的决心,让科技更好造福全人类。这种开放合作的精神,正是构建人类命运共同体的关键所在。

人类命运共同体是人类避免悲剧、走向光明未来的唯一合理选择,中国是人类命运共同体的倡导者、建设者、引领者,中国要获得构建人类命运共同体的领导权、主导权,必须在第四次科技革命中获得领导权、主导权。中国只有获得了第四次科技革命的领导权、主导权,才能够利用第四次科技革命所具有的颠覆性作用和带来的高能优质生产力,形成对美西方的压倒性优势,破解美西方的零和博弈、丛林法则和霸权地位,在全球推行中国一贯倡导的正和博弈、互利共赢和公正平等的先进思想和理念。

人类命运共同体是人类最美好的光明前景,中国共产党把构建人类命运共同体作为奋斗目标。按照习近平总书记的"中国方略",中国要构建人类命运共同体是以和为贵、合作共赢、万邦和谐、天下大同的人类命运共同体。第四次科技革命,以人工智能、物联网、互联网、新能源、生命科学等为核心,正在深刻地改变着全球的发展格局。这一轮科技革命和产业变革为构建人类命运共同体提供了技术支撑和新的路径,促进了全球的互联互通和协同发展。

科技革命带来的新工具、新组织形式以及新文化,正在改变着生态发展和国际政治的格局。在全球化的背景下,科技革命促使国家之间加强合作,共同应对挑战,推动构建人类命运共同体。通过科技创新,可以解决人类面临的共同问题,如气候变化、能源危机、公共卫生等,这些问题的解决需要国际社会的共同努力和协作。

中国在推动构建人类命运共同体方面发挥着积极作用,提出并践行了一系列倡议和行动。例如,中国提出的共建

"一带一路"倡议,旨在通过促进共建国家的基础设施建设和经济合作,推动共同发展和繁荣。此外,中国还提出了全球发展倡议、全球安全倡议、全球文明倡议,旨在通过国际合作解决全球性问题,推动构建更加公正合理的国际秩序。

在科技领域,中国正努力成为世界主要科学中心和创新高地,通过加强原始创新和自主创新,为人类科技进步作出贡献。同时,中国也在推动科技体制改革,激发创新活力,加强科技创新体系建设,以提升国家的科技创新能力。

综上所述,第四次科技革命为构建人类命运共同体提供了重要的技术支撑和合作平台,通过科技创新和国际合作,可以共同应对全球性挑战,推动人类社会的可持续发展,成为实现人类命运共同体目标的必由之路。习近平总书记倡导的人类命运共同体将会因之而落地开花,由心中的美好理想转变成为美好现实。

第五节　中国在第四次科技革命中的四大优势

中国在第四次科技革命中具有四大优势:拥有自古以来精于数字思维技术的历史优势;拥有数字经济赖以发展的人口基数、通信基建、互联网运用和移动互联等现实优势;拥有发展智能制造的强大工业基础优势;拥有新型举国体制和中国共产党坚强领导的政治优势。

一、中国拥有自古以来精于数字思维技术的历史优势

从中华文化的根源来看,中国自古以来在数字思维技术方面展现出的独特优势,不仅体现在对复杂事物的高度简化和概括能力上,还体现在对数字技术的广泛应用和创新上。从《易经》的二进制推演系统到现代计算机技术的二进制代码,从古代的九九乘法口诀到现代的数字教育普及,中国古代的数字思维技术为现代科技的发展提供了重要的思想基础和实践范例。这种历史优势不仅是中国文化的瑰宝,也是人类文明进步的重要推动力量。

(一)《易经》与数字思维的起源

《易经》作为中华传统文化的总纲领,是中国古代对宇宙和人类社会进行高度抽象和概括的智慧结晶。它将复杂多变的世界简化为阴爻(代表"实")和阳爻(代表"虚")两个基本符号,并通过"两仪、四象、八卦、六十四卦"的二进制推演系统,对宇宙万物和人间世事进行预测、解释和描绘。这种以简单符号和数字逻辑来表达复杂事物的方式,体现了中华民族"大道至简"的哲学智慧,是世界上独一无二的思维模式。

老子在《道德经》中进一步用"一生二,二生三,三生万物"来描述宇宙的生成模式,这种简洁而深刻的数字逻辑,不仅揭示了自然规律的本质,也为后世的数字思维提供了理论基础。这种从简单到复杂的数字推演逻辑,与现代计算机科学中的二进制原理有着惊人的相似之处,为现代数字技术的

发展提供了重要的思维启示。

（二）古代数字技术的成就

中国在古代不仅在哲学和理论层面展现了卓越的数字思维能力，还在实际应用中取得了显著成就。秦始皇统一六国后，统一度量衡，这一举措不仅是国家治理的重要里程碑，也体现了中华民族对数字和度量的精准把握。这种对标准化和精确计算的重视，为后世的科技进步奠定了基础。

在数学领域，《周髀算经》和《九章算术》是古代中国数学成就的代表。《九章算术》尤其在应用数学方面达到了古代世界的顶尖水平，涵盖了从农业、商业到工程等各个领域的实用计算方法。这些成就不仅展示了中国古代数学的高度发展，也证明了中华民族在数字技术应用方面的领先地位。

（三）数字技术的普及与创新

中国古代的数字技术不仅在理论和学术层面取得了成就，还广泛普及到社会生活的各个方面。九九乘法口诀是中国古代数学教育的重要成果之一，早在春秋战国时期就已出现，并在后世成为中国儿童启蒙教育的必背内容。这种普及程度在全球范围内是独一无二的，它不仅提高了全民的数字素养，也为数字技术的进一步发展提供了广泛的社会基础。

南北朝时期的数学家祖冲之通过"割圆术"计算出圆周率的值精确到小数点后第七位，这一成就比西方早了一千多年。祖冲之的"祖率"不仅是古代数学的高峰，也是中华民族在数字计算技术方面卓越能力的典型体现。

（四）对现代数字技术的影响

中国古代的数字思维技术不仅在古代取得了辉煌成就，还对现代数字技术的发展产生了深远影响。德国哲学家莱布尼茨发明的二进制，被认为是现代计算机技术的基石，而他本人曾明确表示，他的二进制理论受到了《易经》的启发。这表明，现代西方数字技术的起源可以追溯到中国古代的数字思维技术。

从《易经》的二进制推演系统到现代计算机的二进制代码，从古代的九九乘法口诀到现代的数字教育普及，中国古代的数字思维技术不仅在逻辑上与现代科技具有共通性，还在实际应用中为现代科技的发展提供了重要的思想资源。

二、中国拥有数字经济赖以发展的人口基数、通信基建、互联网运用和移动互联等现实优势

在数字经济时代，一个国家的数字经济发展水平不仅取决于技术创新能力，还与人口基数、通信基础设施、互联网应用普及程度以及移动互联的发展密切相关。中国在这些方面拥有显著的现实优势，为数字经济的蓬勃发展提供了坚实基础。

（一）庞大的人口基数：数字经济的天然市场

中国是世界上人口最多的国家，拥有超过 14 亿多的人口。这一庞大的人口基数为数字经济的发展提供了广阔的市场空间和丰富的应用场景。首先，庞大的人口基数意味着巨大的数字消费市场。中国的互联网用户数量已经超过 10 亿人，占全球互联网用户的近 1/5。如此庞大的用户群体为电子商务、数字支付、在线娱乐等数字经济领域提供了海量的潜在客户。其次，人口基数的多样性也为数字经济的创新提供了丰富的土壤。中国不同地区、不同年龄层次和不同消费习惯的用户群体，为数字经济的细分市场和个性化服务提供了广阔的空间。

（二）领先的通信基础设施：数字经济的坚实支撑

通信基础设施是数字经济发展的基石。中国在通信基础设施建设方面取得了举世瞩目的成就，尤其在 5G 网络、光纤宽带和数据中心等领域。

首先，中国的 5G 网络建设走在世界前列。截至 2023 年年底，中国已建成超过 300 万个 5G 基站，覆盖全国所有地级市和主要县城。5G 网络的高速率、低延迟和大容量特性，为工业互联网、智能交通、远程医疗等数字经济领域的应用提供了强大的技术支持。其次，中国的光纤宽带网络也处于世界领先水平。中国光纤宽带用户占比超过 95%，网络速度和稳定性不断提升。这种高速稳定的网络环境为数字经济的发展提供了良好的基础条件,使在线办公、在线教育、高清视频会议等应用得以广泛普及。最后,中国在数据中心建设方面也取得了显著进展。数据中心是数字经济的核心基础设施,中国已建成多个超大型数据中心,为云计算、大数据和人工智能等技术的应用提供了强大的计算和存储能力。

(三)广泛的互联网应用普及:数字经济的活力源泉

互联网应用的普及程度直接反映了数字经济的活跃度。中国在互联网应用领域取得了显著成就,尤其在电子商务、数字支付、社交媒体和在线服务等方面。

首先,电子商务是中国数字经济的重要组成部分。中国的电子商务市场规模位居全球第一,2023 年网络零售额超过 15 万亿元人民币。其次,数字支付是中国数字经济的另一大亮点。中国的移动支付市场规模超过 200 万亿元人民币,位居全球第一。微信支付和支付宝等数字支付工具的普及,不仅改变了人们的支付习惯,还推动了线下商业的数字化转型。最后,社交媒体和在线服务在中国也极为普及。抖音、快手等短视频平台的用户数量超过 10 亿人,微信、微博等社交媒体平台的用户数量也超过 10 亿人。这些平台不仅为用户提供了丰富的娱乐内容,还为商家提供了精准的营销渠道,推动了数字经济的多元化发展。

(四)移动互联的快速发展:数字经济的新增长点

移动互联是数字经济的重要发展方向,中国在移动互联领域的发展速度和应用水平均处于世界前列。

首先,中国的移动设备普及率极高。截至 2023 年年底,中国的手机用户数量超过 17 亿人次,智能手机普及率超过 90%。移动设备的普及为移动互联应用的推广提供了良好的基础条件,使移动支付、移动办公、移动娱乐等应用得以广泛普及。其次,中国的移动互联应用创新不断涌现。从移动支付到共享经济,从短视频到直播带货,中国的移动互联应用不断推陈出新,为数字经济的发展注入了新的活力。例如,共享单车和网约车等共享经济模式的出现,不仅改变了人们的出行方式,还推动了相关产业的数字化转型。最后,中国的移动互联技术也处于世界领先水平。中国的 5G 技术为移动互联应用的高速传输和低延迟提供了技术支持,使高清视频、虚拟现实等应用得以流畅运行。

中国在数字经济发展的多个关键领域拥有显著的现实优势。庞大的人口基数为数字经济提供了广阔的市场空间和丰富的应用场景;领先的通信基础设施为数字经济的发展提供了坚实的技术支撑;广泛的互联网应用普及为数字经济的创新和发展提供了强大的动力;移动互联的快速发展则为数字经济的持续增长提供了新的机遇。这些优势不仅为中国数字经济的快速发展奠定了坚实基础,也为全球数字经济的发展提供了重要的借鉴和参考。

三、中国拥有发展智能制造的强大工业基础优势

中国在发展智能制造方面拥有坚实且强劲的工业基础优

势,这为其在全球智能制造领域占据领先地位提供了关键支撑。

首先,中国作为全球制造业的领头羊之一,拥有全球最完整的工业制造产业链和最丰富多样的供应链。据《中国电子报》2024 年 10 月 1 日报道,中国制造业总体规模已连续 14 年位居全球第一,拥有全球最齐全的产业门类和最完整的产业体系,220 多种产品产量位居全球首位。2023 年,中国制造业增加值占全球的比重达 35%,远超美国的 12%、日本的 6%、德国的 4% 等,总和超过这些国家的总和。工信部数据显示,中国工业机器人装机量占全球的比重超 50%,工业互联网覆盖所有工业大类,并培育了 421 家国家级智能制造示范工厂。这些数据充分展示了中国在工业制造领域的强大实力和智能制造领域的领先地位。

中国政府对智能制造发展的重视和战略布局也是其发展优势之一。早在 2015 年,中国政府便发布《中国制造 2025》文件,全面推进制造强国战略,为制造业转型升级提供了明确的战略指引。中国政府还通过推动重点企业的数字化智能化转型、聚焦重点产业链的数字化协同改造、建设高标准数字产业园区等多项举措,加速智能制造的发展。

此外,中国在数字经济领域的快速发展为智能制造提供了新的机遇。数字经济作为第四次科技革命的重要特征,其关键在于智能制造,即"工业制造+人工智能"的深度融合。中国在数字经济领域的蓬勃发展,进一步推动了智能制造技术的应用和推广。

综上所述，中国凭借其强大的工业制造基础、政府的战略支持以及数字经济的快速发展，在智能制造领域展现出显著的优势。

四、中国拥有新型举国体制和中国共产党坚强领导的政治优势

中国在第四次科技革命中拥有显著的政治优势，这主要体现在新型举国体制和中国共产党的坚强领导上。

（一）新型举国体制的优势

新型举国体制是中国特色社会主义制度的重要组成部分，它在继承传统举国体制优势的基础上，融入了市场经济的活力，能够高效整合政府、市场和社会资源，形成强大的协同创新合力。这种体制特别适合应对如人工智能、6G 通信、量子技术和核聚变等"高、精、尖"技术的研发挑战。这些技术难度极大，研发资金需求高，且充满技术和市场风险，单靠个别公司或科研机构难以胜任，需要国家层面的集中统一领导和长期规划。

中国自古以来就有举国体制的传统，从古代的大禹治水、万里长城、京杭大运河到现代的"两弹一星"、长江三峡工程、青藏铁路等，这些举国工程彰显了中国集中力量办大事的能力。新型举国体制在新时代进一步强化了这种能力，使其成为解决重大科技难题和推动科技创新的重要保障。

（二）中国共产党的坚强领导

中国共产党的坚强领导是新型举国体制的核心优势,具体体现在以下四个方面:

1. 领导人优势

习近平总书记具有高瞻远瞩的战略眼光,对第四次科技革命中的重大科技项目给予高度重视并亲自规划部署。他长期以来一直关注数字技术和发展,在福建省和浙江省工作期间就提出了"数字福建"和"数字浙江"等战略构想。在他的领导下,中国在数字经济领域取得了显著成就,浙江省更是在全球数字经济中处于领先地位。国家最高领导人对科技革命的重视和正确引领,为国家的科技进步和创新发展指明了方向。

2. 政党组织优势

习近平总书记指出:"有中国共产党的坚强领导,总揽全局、协调各方,为沉着应对各种重大风险挑战提供根本政治保证。"[①]中国共产党拥有强大的政党组织优势,能够团结和带领全国人民为实现共同目标而奋斗。从推翻封建统治、抵御外敌入侵到实现民族独立和国家富强,中国共产党始终站在历史的前列,带领中国人民创造了一个又一个奇迹。在新的历史时期,中国共产党继续发挥其组织领导优势,推动科技创新和经济社会发展,为实现中华民族伟大复兴的中国梦提供

---

① 习近平:《论"三农"工作》,中央文献出版社 2022 年版,第 329 页。

了坚强的政治保障。

3. 长远规划优势

中国共产党在经济和社会发展方面具有卓越的长远规划能力。从新中国成立初期借鉴苏联经验实施五年计划，奠定工业化基础，到改革开放后结合市场机制加快工业化进程，中国共产党始终以科学规划引领国家发展。这种"一张蓝图绘到底"的规划理念，确保了国家发展的连续性和稳定性，为科技创新提供了良好的环境。例如，"八八战略"在浙江省的持续推进，体现了长远规划的优势和实效。中国的社会主义市场经济体系融合了计划经济和市场经济的优势，形成了独特的"双轮驱动"模式，为经济的持续健康发展提供了强大动力。

4. 执行力、行动力优势

中国共产党具有超强的执行力和行动力，能够将国家的战略规划迅速转化为实际行动并取得实效。中国共产党的执行力、行动力之所以显著优于其他政党，根源在于其组织体系、理论武装、纪律保障、群众路线与制度优势的高度耦合，形成了强大而高效的"五位一体"功能机制。在第四次科技革命中，中国共产党将发展数字经济上升为国家战略，通过一系列政策文件和规划纲要，推动数字经济与实体经济的深度融合。浙江省作为地方代表，积极落实国家数字经济战略，大力推进数字产业化和产业数字化，取得了显著成效。浙江省的实践是中国共产党强大执行力和行动力的具体体现，也是中国在第四次科技革命中具备竞争优势的经典案例。

第六章　关于决胜第四次科技革命的七点建议

2022年10月，习近平总书记在党的二十大报告中对科研工作和科技创新进行了总体部署："完善党中央对科技工作统一领导的体制，健全新型举国体制，强化国家战略科技力量，优化配置创新资源，优化国家科研机构、高水平研究型大学、科技领军企业定位和布局，形成国家实验室体系，统筹推进国际科技创新中心、区域科技创新中心建设，加强科技基础能力建设，强化科技战略咨询，提升国家创新体系整体效能。""以国家战略需求为导向，集聚力量进行原创性引领性科技攻关，坚决打赢关键核心技术攻坚战。加快实施一批具有战略性全局性前瞻性的国家重大科技项目，增强自主创新能力。"[①]习近平总书记对科研工作和科技创新的总体部署，对决胜第四次科技革命有重要的指导意义。

---

① 《习近平著作选读》第一卷，人民出版社2023年版，第29页。

党的二十届三中全会审议通过的《中共中央关于进一步全面深化改革、推进中国式现代化的决定》(以下简称《决定》)第三部分"健全推动经济高质量发展体制机制"第 8 条强调:健全因地制宜发展新质生产力体制机制。

推动技术革命性突破、生产要素创新性配置、产业深度转型升级,推动劳动者、劳动资料、劳动对象优化组合和更新跃升,催生新产业、新模式、新动能,发展以高技术、高效能、高质量为特征的生产力。加强关键共性技术、前沿引领技术、现代工程技术、颠覆性技术创新,加强新领域新赛道制度供给,建立未来产业投入增长机制,完善推动新一代信息技术、人工智能、航空航天、新能源、新材料、高端装备、生物医药、量子科技等战略性产业发展政策和治理体系,引导新兴产业健康有序发展。以国家标准提升引领传统产业优化升级,支持企业用数智技术、绿色技术改造提升传统产业。强化环保、安全等制度约束。

健全相关规则和政策,加快形成同新质生产力更相适应的生产关系,促进各类先进生产要素向发展新质生产力集聚,大幅提升全要素生产率。鼓励和规范发展天使投资、风险投资、私募股权投资,更好发挥政府投资基金作用,发展耐心资本。

《决定》第三部分第 9 条明确:健全促进实体经济和数字经济深度融合制度。

加快推进新型工业化,培育壮大先进制造业集群,推动制造业高端化、智能化、绿色化发展。建设一批行业共性技术平台,加快产业模式和企业组织形态变革,健全提升优势产业领先地位体制机制。优化重大产业基金运作和监管机制,确保资金投向符合国家战略要求。建立保持制造业合理比重投入机制,合理降低制造业综合成本和税费负担。

加快构建促进数字经济发展体制机制,完善促进数字产业化和产业数字化政策体系。加快新一代信息技术全方位全链条普及应用,发展工业互联网,打造具有国际竞争力的数字产业集群。促进平台经济创新发展,健全平台经济常态化监管制度。建设和运营国家数据基础设施,促进数据共享。加快建立数据产权归属认定、市场交易、权益分配、利益保护制度,提升数据安全治理监管能力,建立高效便利安全的数据跨境流动机制。

《决定》第三部分第 12 条提出:健全提升产业链供应链韧性和安全水平制度。

抓紧打造自主可控的产业链供应链,健全强化集成电路、工业母机、医疗装备、仪器仪表、基础软件、工业软件、先进材料等重点产业链发展体制机制,全链条推进技术攻关、成果应用。建立产业链供应链安全风险评估和应对机制。完善产业在国内梯度有序转移的协作机制,推动转出地和承接地利益共享。建设国家战略腹地和关键产业备份。加快完善国家储备体系。完善战略性矿产资源探产供储销统筹和衔接体系。

《决定》第四部分"构建支持全面创新体制机制"第 14 条指出:深化科技体制改革。

　　坚持面向世界科技前沿、面向经济主战场、面向国家重大需求、面向人民生命健康，优化重大科技创新组织机制，统筹强化关键核心技术攻关，推动科技创新力量、要素配置、人才队伍体系化、建制化、协同化。加强国家战略科技力量建设，完善国家实验室体系，优化国家科研机构、高水平研究型大学、科技领军企业定位和布局，推进科技创新央地协同，统筹各类科创平台建设，鼓励和规范发展新型研发机构，发挥我国超大规模市场引领作用，加强创新资源统筹和力量组织，推动科技创新和产业创新融合发展。构建科技安全风险监测预警和应对体系，加强科技基础条件自主保障。健全科技社团管理制度。扩大国际科技交流合作，鼓励在华设立国际科技组织，优化高校、科研院所、科技社团对外专业交流合作管理机制。

　　改进科技计划管理，强化基础研究领域、交叉前沿领域、重点领域前瞻性、引领性布局。加强有组织的基础研究，提高科技支出用于基础研究比重，完善竞争性支持和稳定支持相结合的基础研究投入机制，鼓励有条件的地方、企业、社会组织、个人支持基础研究，支持基础研究选题多样化，鼓励开展高风险、高价值基础研究。深化科技评价体系改革，加强科技伦理治理，严肃整治学术不端行为。

　　强化企业科技创新主体地位，建立培育壮大科技领军企业机制，加强企业主导的产学研深度融合，建立企业研发准备金制度，支持企业主动牵头或参与国家科技攻关任务。构建促进专精特新中小企业发展壮大机制。鼓励科技型中小企业加大研发投入,提高研发费用加计扣除比例。鼓励和引导高校、科研院所按照先使用后付费方式把科技成果许可给中小微企业使用。

完善中央财政科技经费分配和管理使用机制,健全中央财政科技计划执行和专业机构管理体制。扩大财政科研项目经费"包干制"范围,赋予科学家更大技术路线决定权、更大经费支配权、更大资源调度权。建立专家实名推荐的非共识项目筛选机制。允许科研类事业单位实行比一般事业单位更灵活的管理制度,探索实行企业化管理。

深化科技成果转化机制改革,加强国家技术转移体系建设,加快布局建设一批概念验证、中试验证平台,完善首台(套)、首批次、首版次应用政策,加大政府采购自主创新产品力度。加强技术经理人队伍建设。

允许科技人员在科技成果转化收益分配上有更大自主权,建立职务科技成果资产单列管理制度,深化职务科技成果赋权改革。深化高校、科研院所收入分配改革。允许更多符合条件的国有企业以创新创造为导向,在科研人员中开展多种形式中长期激励。

构建同科技创新相适应的科技金融体制,加强对国家重大科技任务和科技型中小企业的金融支持,完善长期资本投早、投小、投长期、投硬科技的支持政策。健全重大技术攻关风险分散机制,建立科技保险政策体系。提高外资在华开展股权投资、风险投资便利性。

从上述党的二十届三中全会审议通过的《中共中央关于

进一步全面深化改革、推进中国式现代化的决定》关于科技创新相关的条目来看,决胜第四次科技革命的战略和策略,涉及科技创新的方方面面,具有许许多多的环节和细节,需要专门进行研究。本书结合习近平总书记对科研工作和科技创新的总体部署,仅就第四次科技革命中科技创新的顶层设计、新型举国体制、目标定位、机制设置、人才培养等方面提出一些建议,目的是抛砖引玉,促进探讨。

第一节 统揽全局与顶层设计

科技创新具有高难度的特殊性,在人类从事的所有事业中,科技创新的难度列在首位。

第四次科技革命中的所有科技创新和发明都深藏于物质世界的微观领域,甚至深藏于物质世界最深处的"超微观"即著名科学家钱学森所说的"渺观"①领域,属于人类面临的前

---

① "渺观"是钱学森提出的一个比微观更小一个物理层次的超微观的物质领域。1985年1月钱学森在一次报告中说:"必须考虑一种新的作用力的场,这种新的场是英国爱丁堡大学希格斯发现的,这个场就被称为'希格斯场'。这个场极细小,远远小于基本粒子,它的大小为10—34厘米,所以'微观'不行了,需要有一个新概念,这就是微观以下的一个层次,我随便称之为'渺观'.渺观中的希格斯场恰恰又可以用来解释我们现在的宇宙是怎样形成的,这样最小和最大就联系起来了。"钱学森:《新技术革命与系统工程——从系统科学看我国今后60年的社会革命》(1985年1月28日),顾吉环、李明、涂元季编:《钱学森文集》卷四,国防工业出版社2012年版,第50页。另外,钱学森在《致谭暑生》(1984年11月8日)、《致方福康》(1984年11月21日)两封信中以及《在航天医学工程研究所第14届学术年会上的讲话》(1985年1月22日)中谈论到"渺观"。"渺观"是钱学森对科学和哲学的一个重大贡献。两封信分别见于涂元季、李明、顾吉环编:《钱学森书信》卷二,国防工业出版社2007年版,第75—77页和第87—88页;《在航天医学工程研究所第14届学术年会上的讲话》见于顾吉环、李明、涂元季编:《钱学森文集》卷四,国防工业出版社2012年版,第32—33页。

所未有的"最难"的科技创新。因而必须在顶层实现高度集中、高度统一、高度协同，从顶层设计开始，统筹考虑第四次科技革命各层次、各环节、各要素，从源头抓起，统揽全局，整体布局，自上而下，全程规划、设计和设置。

面对第四次科技革命的艰巨性、复杂性、长期性，我们必须加强顶层设计，依靠党中央统一领导下的决策指挥体系，充分发挥党中央全面领导科技创新的政治优势，在党中央集中统一领导下对第四次科技革命的目标、动力、体制、机制、人才等诸方面进行顶层设计和全程设计，加强战略谋划和整体部署，有效配置科技力量和创新资源，制定第四次科技革命战略规划，编制第四次科技革命科研规划纲要。集中资金，集中科研力量统一调配，积极进行第四次科技革命战略部署和战术执行，自上而下，落地开花。

习近平总书记深刻总结了新时代科技事业发展实践中积累的宝贵经验，首要一条就是坚持党的全面领导。中国共产党的领导是中国特色社会主义事业发展的根本政治保证，也是建设科技强国、加快实现高水平科技自立自强的根本所在。2023年3月7日，根据国务院关于提请审议国务院机构改革方案的议案，重新组建科学技术部。这次党和国家机构改革，加强党中央对科技工作的集中统一领导，组建中央科技委员会，中央科技委员会办事机构职责由重组后的科学技术部整体承担。该委员会职责主要是加强党中央对科技工作的集中统一领导，统筹推进国家创新体系建设和科技体制改革，研究审议国家科技发展重大战略、重大规划、重大政策，统筹解决科技领域战略性、方向性、全局性重大问题,研究确定国家战略科技任务和重大科研项目,统筹布局国家实验室等战略科技力量,统筹协调军民科技融合发展等,作为党中央决策议事协调机构。组建中央科技委员会,有利于完善党中央对科技工作集中统一领导的体制,构建协同高效的决策指挥体系和组织实施体系,统筹推进国家创新体系建设和科技体制改革,统筹解决科技领域战略性、方向性、全局性重大问题,统筹布局国家实验室等战略科技力量,统筹协调军民科技融合发展等。

组建中央科技委员会是面对国际科技竞争和外部遏制打压,理顺科技领导和管理体制的现实需要,是党中央对科技创新工作进行统揽全局和顶层设计的关键一招。长期以来,我国科技管理体制中顶层设计、统筹协调等宏观管理事权分散,高效权威的集中统一领导体制尚不健全,难以满足当前国内外形势变化。组建中央科技委员会实现了党中央对科技工作的集中统一领导,能够有效发挥顶层设计、统筹协调作用,构建科技领域科学决策高效执行的体制机制。

在新时代新征程上,要进一步提升在科技领域谋大事、议大事、抓大事的能力,找准世界科技发展趋势,提出与中国国情相适应的科技事业发展的方向、路径和重点任务:要进一步增强各级党委、政府领导和推动科技工作的本领,发挥宏观指导、统筹协调、服务保障作用,充分调动各方面积极性、主动性、创造性。以国家战略需求为目标,统筹安排顶层设计,预先进行前瞻性思考和研判,进行全局性谋划和战略性统筹,全国一盘棋,多方协同攻关,将国家的科技创新战略目标"自上而下"全程贯穿于整个科技创新体系之中,构建"目标导向型"科技创新的科研体制。构建与第四次科技革命相对应和相匹配的标准体系、产业体系、生态体系,逐步形成第四次科技革命的人才链、供应链、产业链。

第二节 构建新型举国科研体制

构建新型举国科研体制是中国科技自立自强的重要途径,它旨在通过政府、市场和社会的协同发力,推动创新人才和资源向关键核心技术攻关任务精准配置。这一体制的优势在于能够集中力量办大事,攻克全球科技前沿问题,引领世界科技发展方向。新型举国体制的构建需要加强顶层设计,提升国家创新体系的整体效能,优化创新要素配置机制,降低制度性交易成本,促进创新要素的市场化流动,提升资源要素的配置效率。同时,需要建立健全科技领军人才自主培养机制,提升人才培养质量,打造具有战略支撑力的科学家团队,摆脱技术攻关的外部依赖,增强内生动能。

此外,新型举国体制还强调自主创新与开放创新的协同共进,积极构建政产学研用深度融合的一体化发展模式,扩大技术市场的"吞吐量",做大科技创新的"大蛋糕",全面提升科技创新效能。在实践中,中国科学院国际伙伴计划管理办法是新型举国体制的一个具体实施案例。该计划旨在通过多种形式、不同层面的科研合作项目，围绕全球共同科学挑战和共性技术难题，搭建科研合作网络，深化双边伙伴关系，打造全球创新节点，培育多边合作机制。

我国政府在关键核心技术攻关中有着强有力的集中统一领导的组织优势，面对第四次科技革命，要打破现有科研体制的某些局限，尤其要打破目前一些科研院所条块分割、孤立封闭、"任务单向派发"和"零、散、低"的状况，克服团队人才严重不足、权责利划分不清、评价体系不能体现实际贡献等现存缺陷。组织科研项目协同攻关，解决创新力量分散和资源"碎片化"问题，集思广益，凝聚共识，进一步建立以国家力量为主导的新型大创新模式，进行跨部门、跨学科、跨军民、跨区域的科研力量整合，凝聚和集成国家战略科技力量，构建系统性、整体性、协调性、综合性的科技创新联合体。

习近平总书记曾经对科技创新中"集中力量办大事"作出过指示，他说："我国社会主义制度能够集中力量办大事是我们成就事业的重要法宝。我国很多重大科技成果都是依靠这个法宝搞出来的，千万不能丢了。"[1]我国科研机构中的"国家队""院校队""企业队"都要打破自家"一亩三分地"，配合和服从党中央集中统一领导，共同下好全国一盘棋，相互合作，重新组合，资源共享，统一调配，拧成一股绳，劲往一处使。构建应对第四次科技革命的国家重点实验室、国家重点实验基地和国家重点经济技术开发区，借鉴以往"两弹一星"、人

---

① 《习近平谈治国理政》第一卷，外文出版社 2018 年版，第 126 页。

工合成牛胰岛素、青蒿素等科研攻关的成功经验,实施关键核心技术攻关的新型举国体制,在重大科技创新方面切实做到"集中力量办大事",切实解决第四次科技革命中重大科技"卡脖子"问题和"瓶颈"问题,"举全国之力"向第四次科技革命发起冲锋和攻坚。瞄准全球产业价值链高端,集中协调配置优质资源,重点开展战略性、颠覆性的核心技术研究,有效发挥资源效益,形成重大科技攻关的新型举国体制。新型举国体制把集中力量办大事的制度优势、超大规模的市场优势与发挥市场在资源配置中的决定性作用很好地结合起来,通过政府、市场、社会协同发力,推动人才、资源向重大项目攻关任务聚焦,对于建设科技强国、加快实现高水平科技自立自强具有重要意义。一般认为,在全国范围内统一进行资源配置,是新型举国体制的优势所在。要推动有效市场和有为政府更好结合,充分发挥市场在科技资源配置中的决定性作用,更好发挥政府作用,引导更多优质资源向战略性、关键性领域集聚、调动产学研各环节的积极性。

要健全关键核心技术攻关新型举国体制,科学统筹,集中力量,优化机制,协同攻关,穿越"创新无人区",在量子计算机、石墨烯芯片、可控核聚变等领域实现"从 0 到 1"原创性突破,将社会主义集中力量办大事的制度优势与社会主义市场经济的活力优势有机叠加一起,健全新型举国体制中有为政府和有效市场两个关键因素,强化国家在第四次科技革命中的战略科技力量,大幅提升科技联合攻关体系化作战能力,把政府、市场、社会、科研院校有机结合起来,共同发力,攻坚克难。

建立以科技创新的质量、贡献、绩效为导向的分类评价体系，科技创新中的评判标准、价值导向、奖励规则都要重新制定。构建务实高效的新科研体制，改变以往重论文、争课题、争名利的研究氛围，放弃以往以发表论文数量和级别、引用因子次数为衡量标准的科研导向，扭转偏离实用实效、轻视发现发明的不正确倾向，彻底清除对第四次科技革命起着阻碍作用的各种消极因素。

2018年10月，科技部等部门联合推出《关于开展清理"唯论文、唯职称、唯学历、唯奖项"专项行动的通知》，教育部于同年11月提出破除"五唯"（唯论文、唯帽子、唯职称、唯学历、唯奖项）顽疾。一系列政策措施的推出，目的是加快健全符合科研活动规律的分类评价体系和考核机制，完善激励制度，释放创新活力。在此基础上，要注重深化教育科技人才体制机制一体改革，完善科教协同育人机制，加快培养造就一支规模宏大、结构合理、素质优良的创新型人才队伍；优化高等学校学科设置，创新人才培养模式，提高人才自主培养水平和质量。同时，有必要加快建设国家战略人才力量，着力培养造就卓越工程师、大国工匠、高技能人才；加强青年科技人才培养，大力弘扬科学家精神，激励广大科研人员志存高远、爱国奉献、矢志创新。这也是对功利主义文化的一种正本清源。通过科学文化与科学家精神重塑，中国的科研生态环境必将得到进一步优化。让科学家们回到本源，避免表面文章，追求实效实绩，追求自我提升和自我超越，让有创新梦想的人能够心无旁骛、有信心又有激情地投入创新事业中,保质、保量、保速完成第四次科技革命的重大科研任务。

以科研能力和科研绩效为风向标,构建灵活务实的人才管理机制,设计出科研绩效第一位的工资薪酬模式,确立科学的职称评价体系,增强科技创新人员获得感,激发科技创新创造活力,加强科研成果转化和应用。遵循科研规律,克服科研短期行为,鼓励科研人员从事基础性、系统性、长远性和战略性的科技攻关,确保这类科研人员有良好的薪酬待遇。加大对科学家、科技创新人才的宣传力度,以提高其社会知名度、荣誉度,调动天下英才科技创新的积极性、主动性,促使其在精神上、心理上以科技创新为荣,在人生规划设计上乐以一生献身于国家宏大的科技创新事业。

第三节　以人工智能为主兼顾
其他重点科技领域

由于人工智能正在快速到来,建议尽快整合各方资源,加快制定国家《通用人工智能发展规划》,推动大模型赋能千行百业,借助我国工业产业和应用场景的优势,将大模型与业务流程、产品功能无缝对接,寻求多场景工业应用,构建细分产业的大模型。① 我国应聚焦人工智能重大科学前沿问题,兼

---

① 李珮:《全国政协委员周鸿祎:深化人工智能多场景应用,支持大模型,垂直化产业化落地》,《金融时报》(两会特别报道)2024 年 3 月 6 日。

顾当前需求与长远发展,以突破人工智能应用基础理论瓶颈为重点,超前布局可能引发人工智能范式变革的基础研究,促进学科交叉融合,为人工智能持续发展与深度应用提供强大科学储备。

突破应用基础理论瓶颈。瞄准应用目标明确、有望引领人工智能技术升级的基础理论方向,加强大数据智能、跨媒体感知计算、混合智能、群体智能、自主协调控制与优化决策理论等基础理论研究。大数据智能理论重点突破无监督学习、综合深度推理等难点问题,建立数据驱动、以自然语言理解为核心的认知计算模型,形成从大数据到知识、从知识到决策的能力。跨媒体感知计算理论重点突破低成本智能感知、复杂场景主动感知、自然环境听觉与言语感知、多媒体自主学习等理论方法,实现超人感知和高动态、高维度、多模式分布式大场景感知。混合智能理论,重点突破人机协同共融的情境理解与决策学习、直觉推理与因果模型、记忆与知识演化等理论,实现学习与思考接近或超过人类智能水平的混合智能。群体智能理论重点突破群体智能的组织、涌现、学习的理论与方法,建立可表达、可计算的群体智能激励算法和模型,形成基于互联网的群体智能理论体系。自主协调控制与优化决策理论重点突破面向自主无人系统的协同感知与交互、自主协同控制与优化决策、知识驱动的人机物三元协同与互操作等理论,形成自主智能无人系统创新性理论体系架构。

布局前沿基础理论研究。针对可能引发人工智能范式变革的方向,前瞻布局高级机器学习、类脑智能计算、量子智能计算等跨领域基础理论研究。高级机器学习理论重点突破自适应学习、自主学习等理论方法,实现具备高可解释性、强泛化能力的人工智能。类脑智能计算理论重点突破类脑的信息编码、处理、记忆、学习与推理理论,形成类脑复杂系统及类脑控制等理论与方法,建立大规模类脑智能计算的新模型和脑启发的认知计算模型。量子智能计算理论重点突破量子加速的机器学习方法,建立高性能计算与量子算法混合模型,形成高效精确自主的量子人工智能系统架构。同时,国家数据局要加强数据资源的统筹调配,尤其要建立全国统筹调配的人工智能算力中心,统一调配算力资源,有效推进全国范围内数据资源统一管理,利用人工智能带来的科技爆发窗口,充分释放"数字红利",使我国在人工智能领域追赶乃至超越美西方发达国家,实现数字经济超常规的大发展。

当前,人工智能的发展已经突破临界点,进入爆发期,成为第四次科技革命的火车头,国家在科技领域应当增加人力、物力、财力研究集中人工智能。充分发挥资本运作功能,吸引国外资本和社会资本参与人工智能领域。制定有利于发展人工智能的国家扶持政策和优惠政策。同时,在人工智能以外的其他领域,展开布局,组建最优团队,一个领域也不落下,确保第四次科技革命的各个领域实现"人有我有,人无我有"。

与此同时,关于量子计算机的研制,有许多路径,有光子操纵、超导量子环、离子阱、半导体量子点、金刚石色心量子计算等不同的技术路径,都可以进行量子计算,可以研制出量子计算机,但不同的技术路径各有优劣。光子操纵技术路径,相对时间较长,但却难以观测和控制;超导量子环技术路径,工程容易控制,但却要求温度极低且相干时间极短;离子阱技术路径,相干时间较长且易于控制,但需要频繁的激光操作,效率不高;等等。这些技术路径,到底哪一种最能够走向实用和通用,目前尚说不准,需要对这些技术路径同时发力,避免像日本那样点错科技树。

关于第四代核反应堆的技术路线,可分为热中子反应堆与快中子反应堆两大类别的技术路线。热中子反应堆技术路线中有超高温气冷反应堆、超临界水冷反应堆、钍基熔盐反应堆三种不同技术路线;快中子反应堆技术路线中有气冷快反应堆、钠冷快反应堆、铅冷快反应堆三种不同技术路线。现阶段第四代核反应堆的技术路线大致有这六种不同的技术路线,未来到底哪一种技术路线能够获得最优质效果,目前说不清楚,这就需要我们对这六种不同的技术路线同时发力,让各种技术路线都得到技术积累。

在此,就不一一列举所有技术,总之,以人工智能为主、兼顾其他重点科技领域的投入和发展是重中之重。

第四节 "产、学、研"连为一体,形成科技创新联合体

近年来,我国积极加快科技强国建设,实施创新驱动发展战略。一大批国资央企、科技领军企业和专精特新企业积极

参与以创新联合体为抓手的产学研协同攻关,在体制机制创新、关键核心技术突破和保障重要产业链、供应链安全稳定方面取得了显著进展。

面向中国式现代化建设新征程新使命,亟待加快科技自立自强步伐,进一步集中优质资源,坚持创新链、产业链、人才链一体部署,推动企业主导的产学研深度融合,夯实企业科技创新主体地位,提升产业链、供应链韧性和安全水平,将科技发展主动权牢牢掌握在自己手中。

国有、民营科技企业是我国"产、学、研"模式的主力军,按照当前我国企业在产学研协同创新实践中的地位与作用分类,主要有三种模式:企业牵头主导,多方参与;企业参与,高校、科研机构主导;企业参与,政府主导。

第一,企业主导,多方参与的产学研合作。由企业主导,聚焦重大产业场景,瞄准产业关键核心技术"卡脖子"问题突破的产学研合作创新,特色在于中央企业提供重大工程项目和重大应用场景,通过场景整合市场需求驱动和使命驱动,牵引创新链、产业链深度融合,拉动大中小企业融通创新。这类产学研合作属于重大任务导向型,通常为非独立法人的创新组织,不设置决策机构,主要通过与高校、科研机构等创新主体签订项目合同开展协同攻关。人员采取项目聘用制,校企人员实现双向流动,对合作项目的完成情况、成果转化等方面进行考核。科技成果在主导企业实现转化应用,创新攻关和需求应用紧密结合,转化收益按合同分配。

第二,企业参与,高校、科研机构主导的产学研合作。由高水平研究型大学或国家科研机构主导的产学研合作,侧重技术驱动,有利于整合市场驱动和场景驱动的优势,特色是科技成果转化应用,或聚焦单点的关键核心技术突破。大学或科研机构负责确定研究方向、工作任务,拟定合作协议,征集合作单位,协同研发科研成果在企业实现转化和产业化应用;或者企业提出技术难题和科学研究需求,大学或科研机构提供人才支持、基础设施支持和研究资源支持,开展基础研究和应用研究。这类产学研合作主要依靠高校科研资源开展联合研究,或者设立联合研发机构、公司等。人员多采用全员聘任制,研究人员以全职或兼职的身份开展联合研究;对项目多采取"里程碑"考核方式,对科研人员以科技成果转化数量和转化收益为指标进行考核,或者通过股权方式进行激励。

第三,企业参与,政府主导的产学研合作。由政府牵头,确定研发需求、任务目标、合作条件、合作程序、激励机制、监督管理等事项,并提供资源、政策等方面保障;高校院所提供科技供给和智力支撑,企业提供资金、产业资源等支持,并助推科技成果转化;通过委托研发或"揭榜挂帅"等方式开展联合研发。这类产学研合作可整合场景驱动、技术驱动和使命驱动。其中,中央政府主导的产学研合作主要聚焦国家重大战略需求,连接创新链、产业链,保障产业链、供应链安全稳定;地方政府主导的产学研合作主要破解需求来源分散、研发规模较小、研发周期短的难题,在打造区域创新中心和创新高地方面具有优势。

除此之外,一些地方政府还主导设立了实体机构(新型研发机构),这类机构一般具有独立法人资格,成立专门领导小组负责制度设计,采取理事会领导下的主任或院长负责制,决策机构为理事会,理事会成员由政府、企业、高校和科研院所、专家学者等构成。

除了以上三种模式以外,我国还应鼓励企业像华为公司那样建立自己的科技研发和科技创新机构,对企业科技研发和科技创新实行税收优惠政策,引导企业加大科技研发和科技创新资金投入力度,以便于企业与国际最先进的科学技术接轨,并积极采用国际最先进的技术装备用于武装企业,"产、学、研"连为一体,形成科技创新联合体,提升企业的技术装备水平。加强企业技术创新体系建设,依托高科技龙头企业建立一批国家产业创新中心、制造业创新中心、工程研究中心等科技创新平台。走以企业为龙头的"四个相结合"之路。"四个相结合"指的是:(1)自上而下与自下而上相结合;(2)举国体制与市场机制相结合;(3)有为政府与有效市场相结合;(4)研(科研机构)、学(高校)、产(企业)三者相结合。通过在这"四个相结合"中,企业发挥着科技创新排头兵作用,研、学、产连为一体,"以产促研,以产促学",形成"专业化、小核心、大协作、开放式"的科技创新模式,打造以企业为龙头,包括国家科研团队、院校科研团队在内的科技创新联合体。

制定企业科技创新联合体管理办法,引导企业科技创新联合体探索科技攻关、风险共担和利益共享的有效机制,推动科技创新链与企业产业链相互对接。实施企业科技创新联合体国际化发展战略,推动战略性新兴产业企业和未来产业企业走出国门,与全球行业龙头企业签署技术合作协议,扩大技术合作交流,不断吸收国际最新科学技术,提高企业科学技术水平。鼓励高科技企业开拓国际科技创新市场,像华为公司那样建设一批境外企业技术创新研发中心,积极探索企业科技创新国际化发展新路径。鼓励我国高科技企业建立全球一体化的产品生产和科技创新综合体,引进、吸收、消化、升级国际先进制造设备,把国际最先进技术直接转化为国家新质生产力。

企业在开拓市场、增加销售、创造利润的效益驱动下,天生具有科技创新的内生动力。产业集群本身就是科技创新集群,产业军团本身就是科技创新军团。企业科技创新最接近新质生产力,是"听得见炮声的最前线",也最能挖掘和最能体现新质生产力,以企业为龙头的科技创新联合体能够实现科技创新高度集成、同频共振、优势互补、联合攻关,能够有效推动高科技企业走向高端化、智能化、绿色化,有效推动高科技企业跻身于新兴战略性产业和未来产业。我国应当借助第四次科技革命的东风,快速打造国家级产业集群、产业军团,把打造产业军团、产业集群上升为国家重大战略。依据全国各大城市及周围区域所具有的产业优势,分配任务,加强资源重点发展,避免重复建设和内争内耗。例如,北京市及雄安新区重点发展航空科技和新材料;杭州市重点发展人工智能、智能制造;深圳市重点发展5G、6G;合肥市重点发展量子科技;上海市重点发展核聚变发电;成都市重点发展航空领域;哈尔滨市重点发展军工;等等。

第五节　营造相应的科技创新氛围与
构建相应的人才培养体系

　　世界科技的竞争,本质上是创新体系和创新生态的竞争,正如习近平总书记在科学家座谈会上所强调的,"我国拥有数量众多的科技工作者、规模庞大的研发投入,初步具备了在一些领域同国际先进水平同台竞技的条件,关键是要改善科技创新生态,激发创新创造力,给广大科学家和科技工作者搭建施展才华的舞台,让科技创新成果源源不断涌现出来"①。以新质生产力发展推进中国式现代化建设,需要多措并举,构建新质生产力的科技创新氛围与构建相应的人才培养体系。

　　科技创新氛围犹如肥沃的土壤,是整个科技创新事业的根基,培育、巩固好这个根基,就能够进一步强化"科技是第一生产力、人才是第一资源、创新是第一动力",推动我国科技创新事业攀登新高点,不断提高核心竞争力。

　　营造好的科技创新氛围,首先要建立正确的舆论导向。引导少年儿童和青年学生树立热爱科技、以创新为荣的人生观和价值观,让少年儿童和青年学生对科学技术、科学家、科技创新怀有"高山仰止"的敬仰心理,从小向往当科学家、当

------

　　① 习近平:《在科学家座谈会上的讲话》,人民出版社 2020 年版,第4—5页。

工程师而不是当明星、当网红，坚定不移地培育和塑造出适配第四次科技革命的社会氛围，形成以科技创新为首崇的心理偏好和价值取向，把少年儿童和青年学生引导到国家的科技创新事业上，为培养亿万科技人才打好义务教育和社会舆论基础。

"人才是第一资源"，习近平总书记曾经指出："重大发明创造、颠覆性技术创新关键在人才。"① 2024 年 1 月 31 日，在中共中央政治局第十一次集体学习会议上，习近平总书记再一次强调："要按照发展新质生产力要求，畅通教育、科技、人才的良性循环，完善人才培养、引进、使用、合理流动的工作机制。要根据科技发展新趋势，优化高等学校学科设置、人才培养模式，为发展新质生产力、推动高质量发展培养急需人才。"②要造就千百万能够具有重大发明创造、颠覆性技术创新能力的关键人才，必须按照习近平总书记所说的"畅通教育、科技、人才的良性循环，完善人才培养、引进、使用、合理流动的工作机制"，必须构建适配第四次科技革命的人才培养体系，把人工智能、量子科技教育渗透到小学、初中、高中、大学，从基础教育到高等教育全程培养、整体打造。高薪养才，释放能量，解除第四次科技革命科研人员的一切体制障碍、现实困难和后顾之忧，让其全力以赴投入到第四次科技革命的科学研究中。秉持开放态度，利用一切可以利用的力量，重金

---

① 《习近平在中央政治局第二十四次集体学习时强调：深刻认识推进量子科技发展重大意义　加强量子科技发展战略谋划和系统布局》，《人民日报》2020 年 10 月 18 日。
② 习近平：《发展新质生产力是推动高质量发展的内在要求和重要着力点》，《求是》2024 年第 11 期。

引进国外高端人才和全球顶尖人才,集成全球最新技术,"人耕我获",坐收全球英才为我国第四次科技革命所用。以科技创新为重奖、为至尊,构建全民科技创新社会环境和社会生态,形成全民崇尚科技创新的社会风尚,逐步形成全民崇尚科技创新的社会风俗,引导天下英才奔向科研事业和科技创新轨道上。

第六节　以标准化建设促进新质生产力发展

党的二十届三中全会提出"健全因地制宜发展新质生产力体制机制",并强调"以国家标准提升引领传统产业优化升级,支持企业用数智技术、绿色技术改造提升传统产业"。标准化是生产力发展的基石,以标准引领产业发展,是一个国家推动高质量发展、参与高质量竞争的重要标志。标准化建设既凝聚了科技创新成果,又代表了现代产业发展经验,是培育先进生产力不可或缺的纽带,在中国式现代化建设中发挥着引领性作用。

近年来,我国不断提升产品能效标准和安全标准,加快制修订数字化、智能化、绿色化、低碳化等领域标准,牵引工业和消费品技术不断升级。从目前来看,标准化建设更多地聚焦在人工智能、量子技术、芯片等发展新质生产力的重点产业领域,比如产业发展过程中的优化升级、区域布局、发展重心、过程评价、人才培养等。一系列标准化设计直接关系相关扶持政策的制定实施、重大项目的规划推进和区域产业的发展方向等,为传统、新兴、未来三类产业优化生产流程、提高生产效率、保障产品与服务质量奠定了基础。

标准化建设要与时俱进,引领技术发展方向。生产力决定生产关系,生产关系要与生产力发展相适应。适配的标准体系能够解决生产关系中的质量问题、效率问题、秩序问题、可持续发展问题等。因此,标准化建设要与时俱进,对新一轮科技革命和产业变革孕育出来的生产力特征进行精准把握,厘清高质量发展的底层逻辑,为生产关系的进一步优化明确思路,这将是我国抢占新一轮科技革命和产业变革制高点的关键。标准化建设要坚持全过程的把控和调节,在发展中不断调整更新标准体系,强化制度约束和标准引领。

标准化建设要开放创新,营造良好的创新生态。开放性是新质生产力的重要特征,而标准化建设也需要面向世界、坚持开放创新。要营造具有全球竞争力的科技创新生态,助力我国科技创新能力实现从跟跑逐步向并跑、领跑的转变,就必须知道我们的"赛道""对手""规则"。当前,面对全球科技创新进入空前密集活跃的时期,类脑智能、量子信息、基因技术、未来网络、深海空天开发、氢能与储能等未来产业,都是最能代表新质生产力的新产业,在这些未来产业的建设过程中,国际上的各项产业技术标准规范都值得我们学习和借鉴,设计出符合中国国情的标准体系和实施机制。

传统产业是大国经济发展的根基、是促进产业迈向全球价值链中高端的重要阵地、是新兴产业发展的必要支撑和应对各类风险挑战的物质保障,它在国民经济中始终扮演着重要角色,发展新质生产力绝不能忽视、放弃传统产业。推动传统产业升级改造、提升传统产业的竞争力,既是积极适应新一轮科技革命的必然选择,也是主动引领产业革命的战略需要。以标准化建设引领传统产业优化升级,要注意把握好以下几点:一是高度重视实体经济的基础性作用,让科技创新赋能传统产业,升级传统产业,孕育新产业,不能盲目求新、简单把传统产业当作"过时产业"。二是始终坚持政府和市场"两手抓",政府的"有形之手"要发挥超前规划引导、科学政策支持的作用;市场的"无形之手"要在研发方向、资源配置、应用场景等方面发力,在优胜劣汰中筛选出最优选项。三是努力实现劳动者、劳动资料、劳动对象和科学技术、管理等生产力诸要素的高效协同,要以重大科技创新为引领,重塑生产力基本要素,催生新产业新业态,推动创新链、产业链、资金链、人才链深度融合,加快推动科技创新成果向现实生产力转化。四是推进教育、科技、人才一体化发展,突出教育的先导性功能,以教育之强赋能科技之强,成就人才之强,着力培养更多拔尖创新人才、战略科学家、科技领军人才,探索实行高校和企业联合培养高素质复合型工科人才,探索建立与国际接轨的全球人才招聘制度,打造与新质生产力发展相匹配的新型劳动者队伍。①

---

① 上官子健:《以标准化建设促进新质生产力发展》,《新华文摘》2024 年第 24 期全文转载,原文见《学习时报》2024 年 9 月 11 日。

第七节　加强新质生产力与乡村振兴战略的耦合

第四次科技革命的时代,我国仍非常重视乡村的发展和"三农"问题,这里要探讨的是为什么通过推进乡村全面振兴来解决"三农"问题如此重要? 从 2004 年到 2025 年的中央"一号文件",已经连续 22 年将"三农"问题放在国家战略第一位,而乡村振兴则是解决"三农"问题的总抓手。2025 年中央"一号文件"首次提出"农业新质生产力",强调以科技创新引领先进生产要素集聚,因地制宜发展农业新质生产力。其内涵包括生物育种技术、无人机技术、人工智能技术和数字技术等,这些技术应用能有效改变农业生产发展状况,加快农业现代化进程。文件还要求瞄准加快突破关键核心技术,强化农业科研资源力量统筹,培育农业科技领军企业,深入实施种业振兴行动,推动农机装备高质量发展,支持发展智慧农业等。因此,新质生产力已从国家层面正式提出与乡村振兴的耦合关系,并提出各种相关的新概念。本节重点阐述新质生产力与乡村振兴战略的耦合。

一方面,乡村振兴为解决"三农"问题提供了涵盖经济、科技、社会、文化、生态和组织等各方面的系统性、整体性和长远性的解决方案及措施手段。另一方面,这是中国在面对日益复杂的国际形势和全球经济波动冲击时还能保持泰然自若的底气和坚守中国共产党初心使命的必然选择。

要实现乡村全面振兴，必须置于新时代的历史方位。习近平总书记将新质生产力的科学内涵高度概括为"特点是创新，关键在质优，本质是先进生产力"。那么从人类原始生产力的诞生和发展的历程来看，生产力最初的作用就是为了获取更多的物资。原始生产力与新质生产力存在深刻的历史联系和发展脉络，它们是一脉相承且反映不同时期人类对自然资源的利用能力。本质来说，新质生产力的根本目标也是为了获得更大量、更高质量的生存资源，是从依赖自然资源到创新资源利用、从手工劳动到智能化生产的过程。

所以，从宏观来看，乡村振兴战略离不开新质生产力的全面赋能。以下主要从三个方面，谈加强新质生产力与乡村振兴耦合的必要性：

一、发展新质生产力赋能农业生产效率，是发挥乡村振兴战略固本培元的"安心"之法

习近平总书记多次强调，中国人的饭碗任何时候都要牢牢端在自己手中，饭碗主要装中国粮。因此，推进乡村全面振兴是在为我国实现中华民族伟大复兴准备"粮仓"和"新城"，是全社会稳定的基础。

习近平总书记强调，发展新质生产力是推动高质量发展的内在要求和着力点，新质生产力具有高科技、高效能、高质量的特征。在农业领域新质生产力能够通过科技创新来推动农业现代化，提升农业生产效率。

比如通过推动生物育种技术创新、种质资源保护利用、种

业企业与科研机构协同创新等带有新质生产力特征的综合手段来解决种子问题;再比如通过推动智能农业机械设备、智能灌溉系统、农情智能监测系统以及物联网基础设施等依托于新质生产力发展的科技创新应用和推广,提高农作物的产量和质量。

因此,新质生产力在本质上就是支撑乡村振兴发展的先进生产力,是优化农业产业、提升农业生产效率的必备智慧养料,与乡村振兴战略在本质目标上是天然耦合的,是支撑稳定社会、团结民心、保障发展的固本培元的"安心"之法。

二、推动乡村振兴增强国内大循环动力,是需要新质生产力加持的聚势谋远的"远志"之法

在全面建设社会主义现代化国家的新征程中,乡村振兴是关键一环,而新质生产力的注入则为乡村振兴带来了全新的动能与契机,有力地推动着乡村在产业、人才、文化、生态、组织等各方面的全面振兴,成为增强国内大循环动力的关键因素。

(一)新质生产力推动乡村产业振兴,筑牢国内大循环根基

产业振兴是乡村振兴的核心内容,新质生产力能够有力推动乡村产业的深度转型升级。在传统农业向现代农业转型过程中,新质生产力发挥了至关重要的作用。通过引入先进的农业生物技术,如基因编辑、生物育种等,培育出更优良的

品种,提高农作物的产量和质量;利用人工智能、大数据、物联网等信息技术,实现农业生产环境的精确监测与智能调控,从而大幅提升农业生产的效率和精准度。

同时,新质生产力催生了众多新兴乡村产业业态。农村电商的蓬勃发展就是一个典型的例子,借助互联网平台,农产品能够突破地域限制,直接面向全国乃至全球市场,拓宽了销售渠道,提高了农产品的附加值。此外,智慧农业、乡村旅游、休闲农业、特色农产品加工等的兴起,不仅丰富了乡村产业结构,还增强了乡村产业的竞争力和可持续发展能力,为国内大循环提供了丰富多样的产品和服务供给。

(二)新质生产力助力乡村人才振兴,激发国内大循环活力

新质生产力的发展对乡村人才提出了新的要求,也促使乡村培养和吸引了一批新型农业劳动者。一方面,随着新质生产力在乡村的广泛应用,农业生产方式发生了深刻变革,需要大量掌握现代农业科技、信息技术和经营管理知识的高素质人才来操作和管理。这促使农村地区加大对本土人才的培育力度,通过开展各类培训和教育活动,提高农民的科技文化素质和职业素养,培养了一批"土专家""田秀才"等实用型人才。

另一方面,新质生产力所带来的良好发展前景和发展机会,吸引了不少外出务工人员、大学生、退伍军人等返乡创业

就业。他们带回了先进的技术、管理经验和创新理念,为乡村发展注入了新的活力。这些新型农业劳动者的涌现,不仅为乡村振兴提供了有力的人才支撑,也进一步激发了乡村经济发展的内生动力,促进了城乡之间的人才流动和要素交换,推动了国内大循环的良性发展。

(三)新质生产力促进乡村文化振兴,增添国内大循环底蕴

新质生产力在一定程度上也推动了乡村文化的繁荣发展。一方面,数字技术的应用使得乡村文化资源的传承和保护更加便捷高效。通过数字化手段,许多珍贵的乡村文化遗产得到了记录、保存和传播,如传统手工艺、民俗文化、历史建筑等,这些文化资源不仅丰富了乡村文化的内涵,也成为乡村文化旅游等产业的重要吸引点。

另一方面,新质生产力的发展促进了乡村文化的创新和融合。在新产业、新业态的发展过程中,不同的文化元素相互碰撞、相互融合,产生了新的文化形态和文化产品。例如,乡村旅游与文化创意产业的结合,打造出了具有地方特色的乡村旅游品牌和文化体验项目,吸引了大量游客前来观光旅游,不仅带动了乡村经济的发展,也提升了乡村文化在全国乃至全球范围内的影响力,进一步增添了国内大循环的文化底蕴和吸引力。

（四）新质生产力推动乡村生态振兴，强化国内大循环支撑

新质生产力强调绿色发展理念，注重生态环保和可持续发展，这与乡村生态振兴的理念不谋而合。在农业生产过程中，运用新质生产力可以实现农业资源的高效利用和生态环境的有效保护。例如，精准农业技术能够根据土壤和作物的实际需求，精准施肥、精准灌溉，减少化肥、农药的使用量，降低农业面源污染；生态农业模式则通过构建生态循环系统，实现种植养殖废弃物的资源化利用，促进农业生态系统平衡。

此外，新质生产力还推动了乡村生态资源的价值转化。乡村的绿水青山、清新空气、田园风光等生态资源在新质生产力的赋能下，成为发展乡村旅游、休闲农业、健康养生等产业的重要资本，实现了生态产品价值的增值和变现。这不仅促进了乡村生态经济的发展，也为国内大循环提供了丰富优质的生态产品和服务，满足了人民群众对美好生活的向往和需求，进一步强化了国内大循环的生态支撑。

（五）新质生产力加强乡村组织振兴，提升国内大循环保障

新质生产力的引入和发展促使乡村基层组织不断加强自身建设，提高治理能力和服务水平。在推动新质生产力落地过程中，乡村基层党组织充分发挥领导核心作用，带领广大农民学习新技术、应用新成果，发挥了战斗堡垒作用和党员先锋

模范作用。同时,新质生产力的发展也推动了乡村各类社会组织的兴起和发展,如农民合作社、农业产业化联合体、农村专业技术协会等,这些组织在整合资源、技术推广、市场开拓等方面发挥了重要作用,提高了农民的组织化程度和市场竞争力。

通过加强乡村组织建设,完善乡村治理体系,乡村能够更好地统筹协调各方力量,推动新质生产力与乡村各领域的深度融合,为乡村振兴提供坚强的组织保障。同时,良好的乡村治理环境也有利于吸引更多的资金、人才、技术等要素流向农村,促进城乡要素的合理流动和优化配置,从而提升国内大循环的整体效能,推动国内大循环的畅通高效运转。

总之,新质生产力的加持为乡村振兴注入了强大动力,推动着乡村在产业、人才、文化、生态、组织等各方面的全面振兴,进而增强了国内大循环的内生动力和发展活力。在新时代背景下,我们应充分认识新质生产力的重要价值,积极培育和发展新质生产力,为实现乡村振兴和国内大循环相互促进、相得益彰的良好发展格局奠定坚实基础,助力我国经济社会的高质量发展和中国式现代化建设进程。

结　语　把握科技革命机遇,培育新质生产力,铸就民族复兴新篇

人类历史进入 21 世纪以后,经济形态发生了巨大的改变,以科学技术为核心内容的知识经济和知识财富开始占据主导地位。科学技术从马克思、恩格斯时代的"也是"生产力上升到邓小平时代"第一"生产力,再上升到新时代的"主导作用"生产力,所占分量越来越重,所占比例越来越大。在科学技术的加持下,科技大国被赋予了新的发展动力和新的财富形态,完全可以突破自然资源、地理条件的局限和缺陷,创造出高于传统经济的新经济形态(比如数字经济),产生一些新财富形态(比如比特币)。数字经济成为超越农业经济、工业经济的新经济形态,在数字经济时代,创造创富的主要资源已由传统的物质资源转变为数据资源、科技资源、知识资源,大国之间的竞争已由广袤的田野和宽大的工厂转向科研实验室、大学课堂和人才大脑,科技创新成为大国竞争的主战场,创新思维、"头脑风暴"和奇思妙想成为引领时代前进的"火

车头"。顺应天下大势和时代潮流,以科技创新为先导,实施创新驱动发展战略,是我国未来高质量发展的必然选择和必由之路。

以 2020 年华为 5G 通信技术正式投入商用为起始点,以 2022 年 11 月 30 日(美国当地时间 11 月 29 日)美国人工智能公司 OpenAI 推出人工智能大模型聊天机器人 ChatGPT 和 2024 年 2 月 16 日(美国时间 2 月 15 日)美国人工智能公司 OpenAI 发布人工智能文生视频大模型 Sora 为标志,人类历史宣告进入到第四次科技革命时代。与第四次科技革命时代相同步的是,在继承和发展马克思主义生产力理论的基础上,为指导我国新一轮科技大爆发时代的高质量现代化建设,习近平总书记提出了一个全新的生产力概念——新质生产力,习近平总书记关于发展新质生产力的重要论述,成为习近平新时代中国特色社会主义思想的最新成果和重要组成部分。

本书在习近平总书记关于发展新质生产力的重要论述的指导下,根据现代科学技术的最新发展状况,对第四次科技革命进行了初步梳理、初步探索和简要论述。本书认为,第四次科技革命将会在通信、数字、材料、核能、量子五个产业领域产生和爆发。通信产业领域是 5G、5.5G、6G、星链以及"6G+星链";数字产业领域是人工智能;材料产业领域是石墨烯新材料;核能产业领域是第四代、第五代核裂变反应堆发电技术和正在兴起的可控核聚变发电技术;量子产业领域主要是量子通信和量子计算机,当然也包括光子芯片和量子芯片。现阶段第四次科技革命表现为华为 5G 通信技术、人工智能和第四代核反应堆发电技术，今后 10—30 年第五代核反应堆、石墨烯、可控核聚变以及量子通信、量子计算机将会陆续突破和爆发。

正在来临的第四次科技革命是一次多点爆发和多领域突破的科技大创新、科技大喷涌和科技大革命，其广度、深度、高度在未来 30—50 年将远超前三次科技革命相加的总和，将会深刻地改变人类经济社会的整体样态和整体面貌，具有突破性、颠覆性、革命性的重大功能，是我国培育和形成未来新质生产力的主要技术支撑，将为我国在科学技术层面换道超车、赶超欧美日将提供一次千载难逢的历史机遇。

"所当乘者势也，不可失者时也。"面对第四次科技革命给我们提供的千载难逢的历史机遇，我们必须予以高度重视，拥有历史使命感，勿使历史机遇稍纵即逝或擦肩而过。我们应当统揽全局，统筹布局，做好顶层设计和全程设计，把第四次科技革命作为发展新质生产力的主攻方向，上下同心，拧成一股绳，构建新型举国科研体制，营造全社会重视科技创新的社会氛围和社会风尚，全力以赴向着第四次科技革命发起冲锋，攻坚克难，破解重大科技难关。

向"创新"而行，以"新质"致远。发展新质生产力是一项长期任务和系统工程，既要有战略定力，又要有时不我待的紧迫感，当务之急，要对新质生产力体制机制标准化建设的政策要求作深度思考：第一，要高度重视实体经济的基础性作用，让科技创新赋能传统产业，升级旧产业，孕育新产业，不能盲目求新、把传统产业当作"过时产业"。第二,要始终坚持"政府""市场"两手抓,政府的"有形之手"要强化党和国家作为发展新质生产力的领导者、组织者、决策者的作用,发挥集中力量办大事的政治优势和制度优势,市场的"无形之手"要在研发方向、政策路径、资源配置、应用场景等方面做好参谋,在优胜劣汰中筛选出最优选项。第三,要努力实现劳动者、劳动资料、劳动对象和及其优化组合的跃升为基本内涵,要以重大科技创新为引领,重塑生产力基本要素,催生新产业新业态,推动创新链、产业链、资金链、人才链深度融合,加快科技创新成果向现实生产力转化。第四,要全面推进教育、科技、人才的融合发展,突出教育的先导性功能,以教育之强赋能科技之强,成就人才之强,着力培养更多拔尖创新人才、战略科学家、科技领军人才,探索实行高校和企业联合培养高素质复合型工科人才,探索建立与国际接轨的全球人才招聘制度,打造与新质生产力发展相匹配的新型劳动者队伍。充分利用第四次科技革命加速培育和形成我国高质量发展的先进新质生产力。

本书通过对新质生产力与第四次科技革命的研究,主要得出以下七点结论:

第一,习近平总书记关于发展新质生产力的重要论述继承和发展了马克思主义生产力理论,成为习近平新时代中国特色社会主义思想的一个最新成果和重要组成部分,为我国科技创新和推动第四次科技革命提供了最新的理论指导和理论依据,为我国战略性新兴产业和未来产业提供了发展的主基调，为我国下一阶段高质量发展指明了方向，具有重大的现实价值和深远的历史意义。习近平总书记关于发展新质生产力的重要论述体现了他对当代世界科技、生产力和经济发展主要特征与趋势的科学概括，也体现了他对我国新时代先进生产力质态及其发展状况的敏锐洞察和深刻总结，凸显了习近平总书记对马克思主义生产力理论的原创性贡献，成为习近平经济思想的重要组成部分，是经得起实践检验的科学理论。

第二，习近平总书记关于发展新质生产力的重要论述之新，集中体现在：劳动者从体力型"活的附件"跃升为知识—数据—创新复合型主体；劳动资料从机械"骨骼与肌肉系统"跃升为芯片—算法—算力构成的"智能神经系统"；劳动对象从天然、滤过的有形物质跃升为"物质—数据"双态并存并可价值共创的海量数据、新能源、新材料。三要素由线性链式叠加升级为网络协同、要素乘数、制度保障的系统跃升，实现了数字时代生产力质的整体性升级。

第三，习近平总书记关于发展新质生产力的重要论述特别强调科技创新的重大作用，强调"科技创新能够催生新产业、新模式、新动能，是发展新质生产力的核心要素"。习近平总书记关于"科技创新是发展新质生产力的核心要素"的新论断是对马克思主义生产力理论的最新诠释和最新发展，对指导我国现阶段的科技创新和高质量现代化建设具有重要的指导意义。

第四，第四次科技革命以人工智能为主，多点爆发，多领域突破，呈现出多元化特色。第四次科技革命将会在五个领域突破和爆发：（1）5G、6G、星链；（2）人工智能；（3）新材料石墨烯；（4）第四代、第五代核反应堆、可控核聚变；（5）量子通信、量子计算机。早期阶段以5G技术、人工智能为两个引爆点，外加一个不引人注目的第四代、第五代核裂变反应堆，中后阶段在石墨烯技术、量子技术、核聚变技术等多个领域逐步获得突破和爆发。"能源即动力"，生产力革命性飞跃往往以新能源的有效利用为前提，由"能源革命"引发生产力革命。第一次科技革命是英国煤炭的有效使用引发的；第二次科技革命是电力的有效使用引发的。在正在来临的第四次科技革命中，最能够给人类带来革命性飞跃的新技术，不是5G、6G通信技术、人工智能、石墨烯材料和量子科技，而是核聚变技术（"人造太阳"）。核聚变技术是人类对能源的终极利用，是人类科学技术进入宇宙层级的一次极大飞跃。

第五，在五个领域的第四次科技革命中，最难的要首推可控核聚变发电，三五十年内能否从实验室走向商业通用，尚难确定。但一旦突破和商用，对人类最具有革命性意义，可以解决人类的终极能源难题，给人类带来物质生产领域的彻底解放。其他四个领域的技术可望在10—30年内获得较大突破，其中人工智能已突破临界点，进入初步爆发阶段，在现阶段最具通用性、渗透性、颠覆性，已成为第四次科技革命来临的引爆点、标志和界碑。若人工智能和量子计算结合在一起，产生量子人工智能，将会把第四次科技革命带向高潮，推向高峰。第四次科技革命必然带来第四次工业革命，未来产业的绝大部分将会是第四次科技革命的产物，第四次科技革命能够带来"高、精、尖"新质技术，因而能够带来相应的新质生产力。尤其是人工智能将会为所有生产领域充分赋能，社会财富将会因之而喷发涌现。第四次科技革命相较于前三次科技革命，所蕴含的生产力将会超过前三次科技革命与工业革命所带来的生产力的总和，其所蕴含的巨大生产力将会超出人们的想象，未来半个世纪的变化有可能超越人类5000年变化的总和。

第六，第四次科技革命将成为培育和形成未来新质生产力的主攻方向和战略高地，主要有四个方面的理由：（1）第四次科技革命对未来新质生产力具有决定性作用；（2）第四次科技革命是大国博弈的战略高地；（3）中华民族伟大复兴是基于第四次科技革命的高维复兴；（4）第四次科技革命是构建人类命运共同体的必由之路。

第七，中华民族伟大复兴与第四次科技革命不期而遇，这是中华民族伟大复兴进程中的极大幸运，给中华民族伟大复兴提供了千载难逢的良好机遇。我们必须紧紧抓住第四次科技革命提供的良好机遇，立足于科技创新，率先掌握第四次科技革命带来的全球最先进技术，用全球最先进技术武装我国的农业、工业、国防、科技、教育，构建全球最先进的工业经济体系和数字经济体系，使中华民族伟大复兴成为基于第四次科技革命的高维复兴，在更高层级上复兴中华民族，登上人类新文明的巅峰。

在世界百年未有之大变局阶段，科技创新是大变局中的关键变量，中华民族要想在危机中育先机，在变局中开新篇，必须向科技创新要答卷、找答案。毛泽东同志关于科技创新曾经说过一段名言,他说:"科学技术这一仗,一定要打,而且必须打好。"①毛泽东同志关于科技创新的这段名言,正是我们对待科技创新的正确态度和努力方向。

习近平总书记指出:"当前,新一轮科技革命和产业变革深入发展。科学研究向极宏观拓展、向极微观深入、向极端条件迈进、向极综合交叉发力,不断突破人类认知边界。"②历史经验表明,每一次科技革命都会带动生产力产生质的飞跃,对人类生产生活方式、经济社会发展产生重大影响。当前,科技的渗透性、扩散性、颠覆性特征更加凸显,科学向产业的直接转化进程加快,数字技术、智能技术等的广泛应用正在深刻改变产业发展的图景。我们必须增强"不进则退、慢进亦退"的紧迫感,加快建设科技强国,不断开辟新领域新赛道,推动科技实力实现大幅跃升,勇立新科技革命和产业变革的浪尖潮头。

习近平总书记指出:"世界百年未有之大变局加速演进,科技革命与大国博弈相互交织,高技术领域成为国际竞争最前沿和主战场,深刻重塑全球秩序和发展格局。"③放眼世界,围绕科技制高点的争夺空前激烈,科技正在引发国际分工重大调整,各国都在争相布局,加大科技创新投入,力图抢占未

---

① 《毛泽东文集》第8卷,人民出版社1999年版,第351页。
② 习近平:《在全国科技大会、国家科学技术奖励大会、两院院士大会上的讲话》,人民出版社2024年版,第4页。
③ 习近平:《在全国科技大会、国家科学技术奖励大会、两院院士大会上的讲话》,人民出版社2024年版,第4—5页。

来竞争优势地位。面对复杂激烈的国际竞争,我们必须加快建设科技强国,把发展的主动权牢牢掌握在自己手中,不断提升我国发展的独立性、自主性、安全性。

我们应当切实遵循习近平总书记的指导,把第四次科技革命当作一场硬仗、一场攻坚战、一场大决战来打,下好先手棋,抢占战略高地,加快形成绿色高端的先进生产力质态,在全球率先开启第四次工业革命浪潮,构建强大的产业集群、产业军团,以凭高视下、降维打击的高维优势,赢得先机、赢得主动、赢得未来,为中华民族基于第四次科技革命和工业革命的高维复兴打下坚实的物质基础。

最后,本书希望向读者传递一个核心理念:研究中央政策和国家战略,必须跳出局部思维的窠臼,以更宏阔的历史视野和更深刻的辩证思维来把握发展大势。面对乡村振兴与新质生产力发展中的矛盾挑战,抑或其他经济策实施过程中的难题,我们作为学者和政策研究者,既要保持"不畏浮云遮望眼"的战略定力,更要具备"绝知此事要躬行"的实践智慧。

在这个伟大的时代,我们之于国家经济发展,恰如战场上的号手。但我们的使命不仅在于吹响冲锋的号角,更在于要奏出时代的最强音——这声音应当如黄钟大吕般振聋发聩,如金石之音般清越激扬。它要能穿透迷雾,指明方向;要能凝聚共识,汇聚力量;更要能激发起亿万建设者"敢教日月换新天"的豪情壮志。

在这场实现中华民族伟大复兴的征程中,我们每个研究者都是思想的战士。我们的笔就是钢枪,我们的研究就是弹药,我们的智慧就是战略。唯有以"功成不必在我"的精神境界和"功成必定有我"的历史担当,才能助力中国经济这艘巨轮乘风破浪、行稳致远,最终实现中华民族在人类文明史上的伟大"升华"。

这既是我们这一代学人的历史使命,也是我们最崇高的价值追求。让我们携手并进,以思想的火炬照亮前行的道路,以智慧的结晶滋养发展的沃土,共同谱写新时代中国经济发展的壮丽篇章!

附　录　第一、二、三、四次科技革命概览与对照

第一、二、三、四次科技革命总结、概览与对照如下:

第一次科技革命

(1)发源地:英国;

(2)主要标志:蒸汽机;

(3)革命层级:1.0版本科技革命、1.0版本工业革命;

(4)革命领域:轻工业;

(5)时代开创:蒸汽化时代、机械化时代;

(6)革命结果:英国崛起,"大英日不落帝国"出现。

第二次科技革命

(1)发源地:德国、美国;

(2)主要标志:电动机、内燃机;

(3)革命层级:2.0版本科技革命、2.0版本工业革命;

（4）革命领域：重工业；

（5）时代开创：电气化时代、石油化时代、钢铁化时代；

（6）革命结果：德国、美国双雄崛起，两次世界大战，美国取代英国成为全球新霸主。

第三次科技革命

（1）发源地：美国；

（2）主要标志：电子计算机；

（3）革命层级：3.0版本科技革命、3.0版本工业革命；

（4）革命领域：信息工业；

（5）时代开创：电脑时代、核能时代、网络时代、自动时代、数字时代；

（6）革命结果：美国取得对苏联"冷战"的胜利，独霸全球，美元成为全球硬通货和储备货币。

第四次科技革命：

（1）发源地：美国、中国；

（2）主要标志：人工智能；

（3）革命层级：4.0版本科技革命、4.0版本工业革命；

（4）革命领域：智能工业；

（5）时代开创：智能时代、天地一网时代、人造太阳时代、量子计算机时代、量子通信时代；

（6）革命结果：中国作为国际科技革命的引领者之一，推动人类命运共同体形成。

参 考 文 献

1.《毛泽东文集》第 8 卷,人民出版社 1999 年版。

2.《周恩来选集》下卷,人民出版社 1984 年版。

3.《邓小平文选》第三卷,人民出版社 1993 年版。

4.《邓小平文选》第二卷,人民出版社 1994 年版。

5. 习近平:《干在实处　走在前列——推进浙江新发展的思考与实践》,中共中央党校出版社 2006 年版。

6. 习近平:《论坚持全面深化改革》,中央文献出版社 2018 年版。

7.《习近平著作选读》第一卷,人民出版社 2023 年版。

8.《习近平著作选读》第二卷,人民出版社 2023 年版。

9. 习近平:《习近平主持召开新时代推动东北全面振兴座谈会强调　牢牢把握东北的重要使命　奋力谱写东北全面振兴新篇章》,《人民日报》2023 年 9 月 10 日。

10. 习近平:《不断做强做优做大我国数字经济》,《求是》2022 年第 2 期。

11. 习近平:《发展新质生产力是推动高质量发展的内在要求和重要着力点》,《求是》2024 年第 11 期。

12. 习近平:《加快发展新质生产力　扎实推进高质量发展》,《人民日报》2024 年 2 月 2 日。

13.《习近平:加强量子科技发展战略谋划和系统布局》,《中国信息安全》2020 年第 10 期。

14.《习近平在中央政治局第二十四次集体学习时强调　深刻认识推进量子科技发展重大意义　加强量子科技发展战略谋划和系统布局》,《人民日报》2020 年 10 月 18 日。

15.《习近平在中共中央政治局第十一次集体学习时强调　加快发展新质生产力　扎实推进高质量发展》,《人民日报》2024 年 2 月 2 日。

16.《习近平在出席解放军和武警部队代表团全体会议时强调　强化使命担当　深化改革创新　全面提升新兴领域战略能力》,《人民日报》2024 年 3 月 8 日。

17.《马克思恩格斯文集》第 1 卷,人民出版社 2009 年版。

18.《马克思恩格斯文集》第 3 卷,人民出版社 2009 年版。

19.《马克思恩格斯文集》第 5 卷,人民出版社 2009 年版。

20.《马克思恩格斯文集》第 7 卷,人民出版社 2009 年版。

21.《马克思恩格斯文集》第 8 卷,人民出版社 2009

年版。

22.《马克思恩格斯选集》第 1 卷,人民出版社 2012 年版。

23.《马克思恩格斯选集》第 3 卷,人民出版社 2012 年版。

24.《马克思恩格斯全集》第 42 卷,人民出版社 2016 年版。

25.《列宁选集》第 2 卷,人民出版社 2012 年版。

26.《列宁全集》第 27 卷,人民出版社 2017 年版。

27.《斯大林文选》下册,人民出版社 1962 年版。

28.《斯大林全集》第 7 卷,人民出版社 1958 年版。

29. 艾德洲:《第四次科技革命背景下中国经济发展面临的机遇与挑战》,《经济视角(上旬刊)》2014 年第 1 期。

30. 白宇:《可控核聚变渐可期待》,《中国电力报》2024 年 3 月 11 日。

31. 毕夫:《过去一年,马斯克的卫星互联网洒向全球》,《中关村》2024 年第 1 期。

32. 常修泽:《先进生产力的内涵、特征及发展规律》,《科学决策》2006 年第 2 期。

33. 陈东、仲小清、邓恒等:《宽带卫星通信网络技术发展态势与发展建议》,《前瞻科技》2022 年第 1 期。

34. 陈山枝:《关于低轨卫星通信的分析及我国的发展建议》,《电信科学》2020 年第 6 期。

35. 崔春风、王磊、李可等:《6G 愿景、业务及网络关键性能指标》,《北京邮电大学学报》2020 年第 6 期。

36. 翟冬冬:《量子计算:第四次工业革命的引擎》,《科技日报》2018 年 1 月 10 日。

37. 翟绪权、夏鑫雨:《数字经济加快形成新质生产力的机制构成与实践路径》,《福建师范大学学报(哲学社会科学版)》2024 年第 1 期。

38. 都芃:《前沿新一代"人造太阳"又迎突破,离核聚变点火更进一步　提高三乘积,让可控核聚变走向现实》,《科技日报》2022 年 11 月 8 日。

39. 杜滢:《6G 建议书迈入新阶段,迎接新挑战》,《通信世界》2023 年第 13 期。

40. 樊亢、宋则行、池元吉、郭吴新、朱克烺编著:《主要资本主义国家经济简史》,人民出版社 1973 年版。

41. 方父:《生物技术引发第四次科技革命》,《新经济导刊》2003 年第 5 期。

42. 盖凯程、韩文龙:《新质生产力》,中国社会科学出版社 2024 年版。

43. 高帆:《"新质生产力"的提出逻辑、多维内涵及时代意义》,《政治经济学评论》2023 年第 6 期。

44. 龚淑林:《美国第二次工业革命及其影响(人文社会科学版)》,《南昌大学学报》1988 年第 1 期。

45. 龚淑林:《试析第三次科技革命发轫于美国的原因》,《南昌大学学报(人文社会科学版)》1992 年第 4 期。

46. 谷峻战、王滨勇:《美国联邦政府推动量子信息科技的政策和布局》，《全球科技经济瞭望》2022 年第 5 期。

47. 谷业凯：《我国掌握可控核聚变高约束先进控制技术》，《人民日报》2023 年 8 月 29 日。

48. 顾吉环、李明、涂元季编：《钱学森文集》第四卷，国防工业出版社 2012 年版。

49. 顾肃著：《第四次科技革命》，江苏人民出版社 2003 年版。

50. 郭光灿：《量子十问之十 第二次量子革命究竟要干什么》，《物理》2019 年第 7 期。

51. 何亮：《高温气冷堆开启核电发展新空间》，《科技日报》2024 年 3 月 10 日。

52. 侯娜、马瑞、杨翠翠：《美国量子技术研发：相关政策与国防预算》，《国防科技》2023 年第 6 期。

53. 黄敏兰：《美国在战后世界科技革命中始终领先的原因》，《科研管理》1984 年第 1 期。

54. 黄奇帆、赵振华、陈晓红、王昌林：《新质生产力》，浙江人民出版社 2024 年版。

55. 季正聚、王潇锐：《新质生产力是马克思主义生产理论的重要创新》，《中国党政干部论坛》2024 年第 4 期。

56. 贾根良：《美国崛起为何能抓住"机会窗口"——第二次工业革命时期美国经验借鉴》，《人民论坛》2013 年第 6 期。

57. 贾康、苏京春、彭若飞：《新质生产力》，中译出版社 2024 年版。

58. 贾若祥、窦红涛：《新质生产力：内涵特征、重大意义及发展重点》,《北京行政学院学报》2024 年第 2 期。

59. 江晓原:《人工智能:威胁人类文明的科技之火》,《探索与争鸣》2017 年第 10 期。

60. 金挥、陆南泉、张康琴主编:《苏联经济概论》,中国财政经济出版社 1985 年版。

61. 康绍莉、缪德山、索士强等:《面向 6G 的空天地一体化系统设计和关键技术》,《信息通信技术与政策》2022 年第 9 期。

62. 柯柏年、王朴主编:《美国手册》,中外出版社 1950 年版。

63. 李建中:《第四次科技革命与苏联解体》,《江苏行政学院学报》2001 年第 1 期。

64. 李茂营:《石墨烯材料专利技术综述》,《中国科技信息》2020 年第 9 期。

65. 李其龙:《德国教育》(世界教育大系),吉林教育出版社 2000 年版。

66. 李兴洪:《欧盟投入 10 亿欧元执行量子技术旗舰计划》,《现代军事》2016 年第 8 期。

67. 廖丹青:《试论近代德国与第二次科技革命》,《湛江师范学院学报》1999 年第 3 期。

68. 林举岱:《英国工业革命史》,上海人民出版社 1957 年版。

69. 林毅夫等:《新质生产力》,中信出版社 2024 年版。

70. 刘澄:《美国:科技动力创新经济》,《经营管理者》

2002 年第 4 期。

71. 刘光毅、金婧、王启星等:《6G 愿景与需求:数字孪生,智能泛在》,《移动通信》2020 年第 6 期。

72. 刘光毅、楼梦婷、王启星等:《面向 6G 的通信感知一体化架构与关键技术》,《移动通信》2022 年第 6 期。

73. 刘瑾:《我国汽车年产销量突破 3000 万辆》,《经济日报》2024 年 1 月 12 日。

74. 刘露馨:《美国科技战略的变革及前景》,《现代国际关系》2021 年第 10 期。

75. 刘霞:《首台 E 级超算"前沿"问鼎 Top500》,《科技日报》2022 年 6 月 2 日。

76. 刘湘丽:《第四次工业革命的机遇与挑战》,《新疆师范大学学报(哲学社会科学版)》2019 年第 1 期。

77. 刘晓君、张迪:《全球化视野下英国工业革命再审视》,《自然辩证法研究》2022 年第 2 期。

78. 刘远举:《AlphaGo 横扫 60 位围棋大师,人工智能上了新境界?》,《新京报》2017 年 1 月 5 日。

79. 刘祚昌、王觉非主编:《世界史·近代史编》下卷,高等教育出版社 2011 年版。

80. 鲁坦、肖晓兰:《数字新质生产力赋能制造业高质量发展的机理和路径——以佛山制造为例》,《现代营销(上旬刊)》2024 年第 11 期。

81. 罗荣渠:《美国历史通论》,商务印书馆 2009 年版。

82. 吕凤先、刘小平、贾夏利:《近二十年美国量子信息科

学　战略中基础研究的政策部署和重要进展》,《世界科技研究与发展》2022 年第 1 期。

83. 吕庠:《第二次科技革命中美国高速发展原因的新认识》,《齐齐哈尔师范学院学报(哲学社会科学版)》1989 年版第 3 期。

84. 马俊:《6G 关键窗口期,各国抓紧布局》,《环球时报》2024 年 9 月 20 日。

85. 毛亚庆:《德国基础教育概览》,中国城市出版社 1997 年版。

86. 潘洁、唐诗凝:《我国制造业增加值占全球比重约三成》,《经济参考》2024 年 9 月 13 日。

87. 潘迎华:《论 19 世纪德国教育在工业化中的作用》,《山西高等学校社会科学学报》1999 年第 6 期。

88. 蒲清平、黄媛媛:《习近平总书记关于新质生产力重要论述的生成逻辑、理论创新与时代价值》,《西南大学学报(社会科学版)》2023 年第 6 期。

89. 齐旭:《中国"星链"迈出关键一步》,《中国电子报》2024 年 8 月 9 日。

90. 齐旭:《中国制造业绘就"飞跃式"增长曲线》,《中国电子报》2024 年 10 月 1 日。

91. 乔笑斐、路昊明、高策:《量子信息革命引领未来科技革命》,《科技导报》2023 年第 3 期。

92. 上官子健:《以标准化建设促进新质生产力发展》,《新华文摘》2024 年第 24 期全文转载,原文见《学习时报》

2024 年 9 月 11 日。

93. 施郁:《继续量子科学革命》,《光明日报》2017 年 5 月 25 日。

94. 宋宝祥:《第四次科技革命条件下经济危机的特点》,《世界经济》1985 年第 11 期。

95. 宋海刚:《欧盟量子技术旗舰计划的部署及组织管理研究》,《全球科技经济瞭望》2017 年第 Z1 期(第 1—12 期合刊)。

96. 孙海泳:《美国量子战略对中美在科技领域竞争与合作的影响》,《信息安全与通信保密》2019 年第 9 期。

97. 孙韶辉、戴翠琴、徐晖等:《面向 6G 的星地融合一体化组网研究》,《重庆邮电大学学报(自然科学版)》2021 年第 6 期。

98. 孙妍:《5G-A 迈向商用汽车产线成"样板间"联通与华为助力长城精工启动商用,5G-A 柔性产线》,《IT 时报》2023 年 11 月 17 日。

99. 孙智立、李天需:《大规模低轨星座卫星通信网发展展望》,《中兴通讯技术》2021 年第 5 期。

100. 唐代兴:《从 AlphaGo 到 ChatGPT:人工智能的伦理边界何在?》,《哲学分析》2023 年第 6 期。

101. 唐代兴:《人文法则:构筑预防人工智能无限度研发的屏障》,《党政研究》2024 年第 1 期。

102. 唐豪、金贤敏:《量子人工智能:量子计算和人工智能相遇恰逢其时》,《自然杂志》2020 年第 4 期。

103. 唐琳:《世界首台百亿亿次超级计算机打破速度纪录》,《科学新闻》2023 年第 1 期。

104. 唐晓:《美国联邦政府在科技发展中的作用》,《世界历史》1988 年第 4 期。

105. 田可新、王怡、曹大元:《高手的"俗手"或许是一步好棋》,《大众日报》2022 年 9 月 16 日。

106. 童鹰:《世界近代科学技术发展简史》,上海人民出版社 1990 年版。

107. 涂元季、李明、顾吉环编:《钱学森书信》第二卷,国防工业出版社 2007 年版。

108. 王传胜:《英国发布量子技术国家战略抢占全球领先地位》,《防务视点》2015 年第 8 期。

109. 王晓云、张小舟、马良等:《6G 通信感知一体化网络的感知算法研究与优化》,《通信学报》2023 年第 2 期。

110. 王珍:《不会熔毁的核反应堆　探访全球首座第四代核电站》,《中国纪检监察报》2024 年 3 月 4 日。

111. 王正汉:《量子计算机:下一轮工业革命的引擎》,《人民论坛》2021 年第 7 期。

112. 王政:《我国 5G 站总数超 337 万个 5G 移动电话用户达 8.05 亿户》,《人民日报》2024 年 2 月 18 日。

113. 魏崇辉:《新质生产力的基本意涵、历史演进与实践路径》,《理论与改革》2023 年第 6 期。

114. 魏琳:《走出实验室,"小量子"期待大未来》,《新华日报》2024 年 5 月 3 日。

115. 魏洛:《近代中国割地赔款情况简述》,《教学与研究》1990 年第 5 期。

116. 吴晓文、焦侦丰等:《刘冰面向 6G 的卫星通感一体化》,《移动通信》2022 年第 10 期。

117. 吴月辉:《我国开通全球首条量子通信干线》,《人民日报》2017 年 9 月 30 日。

118. 吴长锋:《"墨子号"实现 1200 公里地面站之间的量子态远程传输》,《科技日报》2022 年 5 月 9 日。

119. 吴长锋:《403 秒! 中国"人造太阳"获重大突破》,《科技日报》2023 年 4 月 14 日。

120. 吴长锋:《我国第三代自主超导量子计算机"本源悟空"上线运行》,《科技日报》2024 年 1 月 8 日。

121. 肖仰华:《人工智能大模型发展的新形势及其省思》,《人民论坛·学术前沿》2024 年第 13 期。

122.《把握数字经济发展趋势和规律 推动我国数字经济健康发展》,《人民日报》2021 年 10 月 21 日。

123.《中国"墨子号"实现 1200 公里地表量子态传输新纪录》,《新华日报》2022 年 5 月 7 日。

124.《中央经济工作会议在北京举行》,《人民日报》2023 年 12 月 13 日。

125. 新华社评论员:《推动新质生产力加快发展》,《新华每日电讯》2024 年 2 月 2 日。

126. 徐国庆、郭卫军、周明:《美国新一轮科技创新战略的影响及应对》,《宏观经济管理》2023 年第 7 期。

127. 徐晖、缪德山、康绍莉等:《面向天地融合的卫星网络架构和传输关键技术》,《天地一体化信息网络》2020 年第 2 期。

128. 徐靖:《量子算力跃升 实现巨大跨越》,《人民日报》2023 年 9 月 1 日。

129. 徐立京:《量子科技革命是重大历史机遇——对话中国科学院院士、南方科技大学校长薛其坤》,《经济日报》2021 年 1 月 17 日。

130. 徐勇、吴双:《华为李鹏:5G-A 引领智能世界加速到来》,《人民邮电》2024 年 2 月 29 日。

131. 许嘉扬、郭福春:《新质生产力与经济高质量发展:动力机制与政策路径》,《浙江学刊》2024 年第 4 期。

132. 闫光宇、青橙图说:《图说新质生产力》,东方出版社2024 年版。

133. 佚名:《鼎泰高科:以新质生产力赋能高质量发展》,《人民日报(海外版)》2024 年 10 月 22 日。

134. 佚名:《法国启动量子技术国家战略》,《中国计量》(转引自《科技日报》)2021 年第 4 期。

135. 佚名:《全球首座四代核电——石岛湾高温气冷堆核电站示范工程并网发电》,《环境技术》2021 年第 6 期。

136. 佚名:《中国"星链"开始升空组网!》,《军事文摘》2024 年第 20 期。

137. 余东华、马路萌:《新质生产力与新型工业化:理论阐释和互动路径》,《天津社会科学》2023 年第 6 期。

138. 余乃忠:《人工智能时代的中国机遇:第四次科技革命的领导者》,《重庆大学学报（社会科学版）》2020 年第 2 期。

139. 袁闾琨:《万恶的黑奴贸易》,郑州人民出版社 1982 年版。

140. 约翰·巴鲁克(John Baruch):《机器人来了——第四次工业革命》(上),鲁雪娜译,《中国科技教育》2016 年第 8 期。

141. 约翰·巴鲁克(John Baruch):《机器人来了——第四次工业革命》(下),鲁雪娜译,《中国科技教育》2016 年第 9 期。

142. 岳悬:《量子信息技术引领新一轮科技革命 迈入关键发展阶段》,《人民邮电》2024 年 1 月 12 日。

143. 张林、蒲清平:《新质生产力的内涵特征、理论创新与价值意蕴》,《重庆大学学报（社会科学版）》2023 年第 6 期。

144. 张宣、程晓琳、蔡姝雯:《我国 6G 通信技术专利数世界第一,紧抓 6G 研发"窗口期"抢占未来发展新高地》,《新华日报》2023 年 3 月 29 日。

145. 张源容、高阳:《新质生产力赋能乡村振兴的三重逻辑》,《东北农业科学》2024 年第 5 期。

146. 张占斌、陈晓红、黄群慧等:《新质生产力》,湖南人民出版社 2024 年版。

147. 赵峰、季雷:《新质生产力的科学内涵、构成要素和制度保障机制》,《学习与探索》2024 年第 1 期。

148. 赵云帆:《马斯克高光时刻:FSD 落地中国进行时》,《21 世纪经济报道》2024 年 5 月 1 日。

149. 周广庆:《人口革命论》,中国社会科学出版社 2003 年版。

150. 周济:《第四次工业革命的核心是智能制造》,《科学中国人》2022 年第 22 期。

151. 周君璧、董瑜:《美国量子研发布局对我国的启示》,《参阅世界科技研究与发展》2023 年第 6 期。

152. 周琳、徐海涛、董瑞丰:《量子革命:开启未来科技》,《经济参考报》2017 年 10 月 21 日。

153. 周敏:《教育视域下近代德国的崛起》,《北京城市学院学报》2018 年第 4 期。

154. 周文、许凌云:《论新质生产力:内涵特征与重要着力点》,《改革》2023 年第 10 期。

155. 周文、叶蕾:《新质生产力与数字经济》,《浙江工商大学学报》2024 年第 2 期。

156. 朱晨、颖程、海峰、康少璇:《石墨烯综述》,《2016 中国溶胶—凝胶学术研讨会暨国际论坛论文摘要集》2016 年 10 月。

157. 庄解忧:《世界上第一次工业革命的经济社会影响》,《厦门大学学报(哲学社会科学版)》1985 年第 4 期。

158. 荘志刚:《第四次科技革命:量子计算机》,《检察风云》2018 年第 16 期。

159. 综合:《石墨烯芯片实现商用价值指日可待》,《现代班组》2021 年第 5 期。

160. 邹佳琪、刘宇阳、邹子轩等:《面向云无线接入网的通信感知一体化:应用和挑战》,《电子技术应用》2021 年第 12 期。

161. 邹丽雪、刘艳丽:《日本量子技术科技战略研究》,《全球科技经济瞭望》2022 年第 5 期。

162. 邹丽雪:《德国量子技术战略研究及启示》,《中国科技信息》2022 年第 15 期。

163. [俄]罗伊·麦德韦杰夫:《让历史来审判——论斯大林和斯大林主义》下,何宏江等译,东方出版社 2005 年版。

164. [法]保尔·芒图:《十八世纪产业革命——英国近代大工业初期的概况》,杨人楩、陈希秦、吴绪译,商务印书馆 1983 年版。

165. [美]A. C. 奥恩斯坦:《美国教育学基础》(外国教育丛书),人民教育出版社 1984 年版。

166. [美]L. S. 斯塔夫里阿诺斯:《全球通史:从史前史到 21 世纪》第 7 版修订版,吴象婴、梁赤民译,北京大学出版社 2006 年版。

167. [美]埃里克·方纳:《美国工人运动史》第一卷,上海三联出版社 1956 年版。

168. [美]保罗·肯尼迪:《大国的兴衰》,蒋葆英等译,中国经济出版社 1989 年版。

169. [美]丹尼尔·J.布尔斯廷:《美国人建国历程》,中国对外翻译出版公司译,生活·读书·新知三联书店 1993年版。

170. ［美］吉尔伯特·C. 菲特、吉姆·E. 里斯:《美国经济史》,司徒淳、方秉铸译,辽宁人民出版社 1981 年版。

171. ［美］约翰·马尔科夫:《与机器人共舞》,郭雪译,浙江人民出版社 2015 年版。

172. ［英］哈孟德夫妇:《英国近代工业的兴起》,商务印书馆 1959 年版。

173. ［英］罗伯特·艾伦:《近代英国工业革命揭秘:放眼全球的深度透视》,毛立坤译,浙江大学出版社 2012 年版。

策划编辑：郑海燕

责任编辑：郑海燕

封面设计：胡欣欣

责任校对：周晓东

图书在版编目（CIP）数据

新质生产力与第四次科技革命 ／ 上官子健著 .
北京 ： 人民出版社，2025. 9. -- ISBN 978 - 7 - 01 - 027380 - 8

Ⅰ . F120.2；F124.3

中国国家版本馆 CIP 数据核字第 2025HY1678 号

新质生产力与第四次科技革命

XINZHI SHENG CHANLI YU DISICI KEJI GEMING

上官子健　著

人民出版社 出版发行

（100706　北京市东城区隆福寺街 99 号）

中煤（北京）印务有限公司印刷　新华书店经销

2025 年 9 月第 1 版　2025 年 9 月北京第 1 次印刷
开本：710 毫米×1000 毫米 1/16　印张：13.75
字数：170 千字

ISBN 978 - 7 - 01 - 027380 - 8　定价：80. 00 元

邮购地址 100706　北京市东城区隆福寺街 99 号
人民东方图书销售中心　电话 （010）65250042　65289539